斯くしてアジアは解放された

これが大東亜戦争の真実だ

安濃 豊

出版にあたって

本書は『國の防人』（展転社）に掲載された拙論文のうち、大東亜戦争に関する論文を一冊に纏めたものである。過去に何冊かの同じく大東亜戦争に関わる単行本を上梓しているが、それらに比べると本書は異色だと思う。

単行本は各テーマについて詳細にわたって描けるという利点がある反面、テーマに関係する副次的記述が広範に及びすぎる傾向がある。いっぽう、投稿論文は使える文字数が限られているため、余分な表記を削り取った凝縮された表記となる。

本書を纏めてみて驚いた。大東亜戦争の真実がよりいっそう浮き立ち、浮き彫りにされたのである。

一話完結の短編小説を連ねたかのような読みやすさがある。『國の防人』の読者から論文集を出版して欲しいとの要望が寄せられていたが、今回その理由をよく理解できた。

本書を読めば、大日本帝国が積極的自発的に大東亜戦争を発動した理由、日本軍によって植民地を喪失した欧米白人国家が日本を恨み続ける理由を理解できるであろう。なぜなら、本書に書き込まれている事実こそが大東亜戦争の真実であるからだ。

令和五年正月

農学博士　安濃豊

目次

第六章　靖国神社に眠る英霊の皆様方へ

第七章　大東亜戦争戦勝解放論

カバーイラスト　花輪和一

第一章

太平洋島嶼戦はアジア解放のための囮作戦に過ぎなかった

（初出：『國の防人 第六号』）

アジアの独立は戦後ではない

米国は戦争目的をすり替えた。そうしないと、書類上では戦勝国になっているものの、実質的には敗戦国であったことが暴露されるからである。

戦勝国となる要件は敵国の開戦目的を挫《くじ》くことであるが、米国は大日本帝国の開戦目的であった東亜の解放と大東亜共栄圏の確立を防ぐことができなかった。

日本軍の侵攻と独立工作によりマレー半島を除く東南アジアの全域が昭和十八年から二十年にかけて独立、ないし独立宣言を行っていた。戦争中に独立を得たベトナムとインドネシアでは、終戦後に再植民地化を企んで舞い戻ってきた旧宗主国の軍隊を相手に、日本軍により戦中に与えられた独立を維持するための「独立維持戦争」が戦われ、インドネシアは一九四九年に、北ベトナムは一九五四年に独立維持戦争に勝利し、旧宗主国を永遠にその領土から放逐した。これらの独立は程なく中近東、アフリカの欧米植民地の独立へと波及していった。

戦前では白人様のご機嫌を伺わなくては輸入できなかった石油、石炭、鉄、ボーキサイトなどの経済成長に必要な資源を日本は自由に輸入できるようになった。また日本で作られた工業製品を東亜各国は自由に輸入することが可能となった。大東亜共栄圏は実質的に確立されたのである。

大日本帝国が東亜大陸において開戦目的をすべて実現したということは、米英など連合国は東亜大陸の戦いにおいて大敗北を期していたということである。

米国はフィリピンという虎の子の植民地を失い、フランスはインドシナ半島の植民地を失い、大英帝国は崩壊した。米国が大東亜戦争において得たものは原爆使用という「人道への罪」と太平洋のいくつかの小島の領有、それと稚拙なる憲法の押しつけであり、失ったものは植民地フィリピンである。

写真１
鈴木達三陸軍大佐と３人のフィリピン独立活動家
（1943年８月14日パンパンガ州マガランにて）

一例としてフィリピンの独立経緯を見てみる

写真１は帝国陸軍内にてフィリピン独立工作を担当していた鈴木達三陸軍大佐と三人のフィリピン人独立活動家の写真である。この写真が撮られたのは一九四三年十

写真２　パセオの戦い

月十四日、場所はフィリピン、パンパンガ州マガラン市である。この日フィリピン第二共和国は正式に独立し、大日本帝国により独立国家として国家承認された。写真内で番号1が鈴木達三大佐。写真内番号2番はセレシーノ・アバド氏でフィリピン独立連盟の指導者であり、米比戦争ではマニラ地区の指揮官を担当していた。

写真内番号3はホセ・カバング氏である。米比戦争では一八九八―一九〇一年のあいだラグーナ州で独立軍の将軍であり指揮官であった。写真内番号4はリカルド・ヘレッラ氏で米比戦争の時独立軍の少年兵として戦った。

写真2は『パセオの戦い』。米比戦争（一八九九年―一九〇二年）を描いたアメリカ合衆国の絵画である。この戦いはアメリカ合衆国が勝利し、以後フィリピンは米国の植民地とされた。（ウィキペディアより）

一八九八年に起きた米西戦争において米国はフィリピン独立派にたいし、米国に味方すれば戦争に勝利した後、独立を認めると約束したが、戦後その約束を反故にし、フィリピンを植民地化しようとした。それに対抗して一八九九年一月二十一日に独立派はエミリオ・アギナルド将軍を初代大統領として、フィリピン第一共和国を建国した。しかし、米国はその独立を認めず、武力弾圧を開始したため米比戦争が勃発した。この戦争で米軍は八十万人以上のフィリピン人を虐殺し、フィリピン第一共和国は消滅した。その結果フィリピンの独立は大東亜戦争で日本軍が侵攻するまで持ち越された。

一九四二年五月在比米軍を降伏させた日本軍はただちに独立準備を独立派に命じ、翌年の十月十四日にホセ・ラウレルを大統領として、フィリピン第二共和国を発足させ、国家承認を与えた。

独立したのは戦争中である

駐留日本軍により表1に示す国々が戦争中に独立ないし独立宣言を行った。マレーシア、ブルネイを除いてほぼ全域が日本軍の助力により独立を果たすか亡命政権が樹立されていたのである。その領域は東南アジア全域の九十パーセント以上に上る。

このように大東亜戦争で日本軍は中部太平洋で米軍と激戦を繰り返しながら、東南アジアでは次々に欧米植民地を独立させていった。アジアの独立は戦後ではなく戦争中に行われていたのである。「アジアは戦後に独立した」という説は米国と日本共産党が捏造したプロパ

国名	日時	首班名
ミャンマー	1943年8月1日	バー・モウ
フィリピン第二共和国	1943年10月14日	ホセ・ラウレル
自由インド仮政府	1943年10月24日	チャンドラ・ボース（日本政府はインド洋のアンダマン・ニコバル諸島を自由インド仮政府の領土として付与した）
ベトナム帝国	1945年3月9日	バオ・ダイ帝
カンボジア王国	1945年3月12日	ノロドム・シアヌーク国王
ラオス王国	1945年4月8日	シーサワーン・ウオン国王
インドネシア共和国	1945年8月17日	スカルノ（オランダにたいし独立を宣言）

表1　東亜各国の独立年次と首班名

ガンダである。戦後、偶然独立したことにしないと、大日本帝国がアジア解放のヒーローとなるからである。

自存自衛とアジア解放は同義語だった

日本共産党はさらなるプロパガンダを捏造している。大日本帝国がアジアを解放したのは自存自衛のための手段であって、目的ではなかったという捏造である。

我らが父祖は自国を存続させるため、アジアの独立を利用したというのである。いくら共産主義者とはいえ、随分とご先祖様を貶めるものである。アジア解放が目的だったのか、それとも自存自衛のためアジア解放を利用したのか、著者はここで決着を付けようと思う。利用する手段は著者が提唱する数理歴史学である。簡単な式で表してみよう。

次式で（FROM）という記号は何処（から）の（から）という意味を表すと定義する。

A ＝（FROM）B

という式を例に取って説明すると。この式の意味は「AとはBからのAである」と定義される。

自存自衛とは欧米植民地主義からの自存自衛であるから次式が成り立つ。

自存自衛＝（FROM）欧米植民地主義――(1)

(1)式の意味合いは

「自存自衛とは欧米植民地主義からの自存自衛である」

植民地解放は欧米植民地主義からの解放であるから次式が成り立つ。

植民地解放＝（FROM）植民地主義――(2)

(2)式の意味合いは

「植民地解放とは欧米植民地主義からの植民地解放である」

(1)式において

欧米植民地主義＝自存自衛／（FROM）

⑵式において

欧米植民地主義＝植民地解放／（FROM）

⑴式と⑵式において

欧米植民地主義＝欧米植民地主義

であるから

自存自衛／（FROM）＝植民地解放／（FROM）—⑶

が成り立ち

（FROM）は両辺で共通であるから互いに消去すると

自存自衛＝植民地解放—⑷

となり、日本軍による〝日本の自存自衛〟と〝アジア解放〟は同一であると結論される。

文学的に表現すれば次の通りとなる。

経済封鎖を受けていた大日本帝国の自存自衛とは、欧米植民地主義からの自存自衛である。

また、東亜の解放とは欧米植民地主義からの解放である。欧米植民地主義は大日本帝国と東亜植民地の共通の敵だったのである。自存自衛と植民地解放では、字面が異なるわけであるが、共通の敵からの自存自衛であり解放であるという点において一致しており、それゆえ自存自衛と植民地解放は異音同義語となるわけである。

囮戦場を主戦場に置き換えたトリック

大東亜戦争においては、日本軍が恰もボロ負けしたかのような印象を受けるのは、戦後米国がそのような印象操作を行ったからである。米国は選挙がある国ゆえ、当時のトルーマン大統領は対日戦に完勝したことにしないと、次の大統領選挙は危うくなるのである。そのためトルーマンは日本軍に完全勝利したかのような印象操作を行った。

はじめに米国は日本側が制定した「大東亜戦争」という呼称の使用を禁じ、「太平洋戦争」と呼ぶように日本の政府とメディアに強要した。もしも大東亜戦争という呼称を使い続ければ、大日本帝国が主張していた通り、かの戦争が植民地解放戦争であったという事実を認めざるを得なくなるからである。かの戦争はあくまでも大日本帝国による侵略戦争であることにしないと、悪党は植民地主義者である連合国になってしまうからだ。従来の保守論壇においても、この呼称変更は白人たちが行ってきた植民地支配を隠蔽《いんぺい》するためであったと説明されてきたが、筆者は新たな呼称変更理由を発見した。それは太平洋を主戦場としなくては、米国は戦勝国であると確定できなくなるという事実である。

もしも東南アジアが主戦場であったなら、大日本帝国のもくろみ通り、戦争中にアジアのほぼ全域が独立していたわけであるから、米国は主戦場で敗退した実質的な敗戦国に成り下がってしまうのである。それどころか、太平洋戦域は主戦場ではあり得ず、主戦場ではない太平洋で日本軍の陽動囮作戦に引っかかり、自国の植民地フィリピンを独立させられた〝間抜け〟にされてしまうのである。それ故米国はあくまでも太平洋が主戦場であり、東南アジア地域は付け足しであったことにしないと都合が悪かったのである。

日本軍は太平洋で米軍にボロ負けしたかのように見える一方で、大陸アジアでは完勝し、米英がボロ負けした。表向き戦勝国となった米英は自分たちを真の戦勝国であるかのように見せかけるため、主戦場は大陸アジアではなく太平洋であったと入れ替えたのである。アングロサクソンのやりそうなことである。

希代の外交官である松岡洋右はその死の床にあって次のように述べたという。

「自分は外交官であるから、ときには嘘もついた、しかしどうせ嘘をつくならアングロサクソンのようなでっかい嘘をつくべきだった。これは悔やんでも悔やみきれない」。

著者はかねてから大東亜戦争の開戦目的はアジアの白人植民地の解放であったと主張してきた。実際、アジアにおける米英仏蘭の植民地はすべて戦争中に解放され、表１に示した通り六ヶ国が独立を果たし、一ヶ国が独立宣言を行っている。

開戦目的が植民地解放である以上、主戦場は大陸であって太平洋ではない。戦後の日本人戦史研究家はこの点を見落としている。主戦場が大陸アジアであったから帝国陸軍はその主力を太平洋には割かなかったのである。

太平洋の島嶼戦は帝国陸軍にとっては陽動囮《おとり》作戦に過ぎなかった。昭和十七年末、南太平洋のガダルカナル島の戦いで米軍は本格的反攻を開始して、その後、ビアク島、トラック・エニウエトク、ペリリュー島、サイパン島、グアム島、フィリピン、沖縄、硫黄島といわゆる「飛び石作戦」が続行された。実のところ現地では昭和二十年八月の終戦まで日本兵によるゲリラ戦は続いていた。戦闘は終結などしていなかったのである。

米軍が太平洋で「ちっちゃな島」を次々に陥落させたと大喜びしていたとき、大陸では白人植民地が次々に独立を勝ち取っていった。

米軍が硫黄島で「勝った勝った」と喜んでいたとき、ベトナムでは帝国陸軍の主導でバオダイ帝を元首とするベトナム帝国の独立が宣言され、ラオス王国とカンボジア王国も独立し、枢軸側から国家承認を得ていた。

帝国陸軍は主戦場である東南アジアの独立を確たるものとするため、太平洋の島々を米軍を誘い寄せるための囮として使っていたのである。そうであるなら、太平洋の島々に布陣した陸軍部隊への補給が不十分であった理由も理解できる。

ルーズベルトは帝国陸軍の罠にはめられた

米軍に島を占領させ、日本兵にゲリラ戦を命じ、米軍を消耗させ、戦闘を長引かせて東亜独立までの時間稼ぎをすることが目的であったから決して作戦に勝利してはならない。勝利してしまうと、敵は矛先を他へ向け、主戦場に繰り出してくる可能性があるからである。ルーズベルトもトルーマンも帝国陸軍の罠にはめられた。

太平洋の小島を落として「勝った勝った」と喜んでいるうちに、自国領であったフィリピンは独立させられ、盟友チャーチルの大英帝国は崩壊し、仲間だったオランダは「風車とチューリップの国」に転落した。これを「間抜け」と言わずして何と形容すればよいのだ。

このように太平洋の島嶼戦は大陸アジアを解放するための陽動囮作戦であった可能性を拭えないのであるが、それが果たして最初から目的論として行われたのか、それとも帝国海軍の米海軍への劣勢から結果としてそうなったのかは不明である。

もしも、帝国海軍がミッドウェー作戦に大勝し、太平洋全域の制海権を確保していたなら、米国は大西洋からインド洋へ軍事力を振り向け、インド方面からミャンマーへ向けて戦力を投入していた可能性がある。そうなると東亜の独立は危うかったかも知れない。

「太平洋の島嶼戦は陽動とする」という指令書が当時の大本営から出されていたなら目的論としての陽動になるが、帝国海軍の非力故偶然そこに陥ったのであるなら、結果としての陽動囮作戦であったと考えざるを得ない。

日本軍布陣数、終戦時布陣数、地域別戦死者を分析する

表2に太平洋戦域における日米軍の布陣兵員数を示す。帝国陸軍の総兵力は七百万弱であったが南洋諸島には含まれないフィリピンを除く太平洋島嶼部（沖縄、硫黄島含む）への布陣は約二十六万人であった。現在の自衛隊の総兵力と同等の戦力しか配置していないのである。総兵力の四パーセントしか配置しなかった戦場が主戦場であるはずはない。どう考えても太平洋島嶼戦を勝ち戦にしようとする意図は見出せない。

見出せるとしたら、それは陽動囮戦で米軍を引きつけ消耗戦に持ち込み、大陸アジアには米軍を投入させないという意図である。

一方、開戦目的として植民地解放を目指した地域を見ると、最前線のミャンマーには三十三万人、フィリピンには五十三万人、インドネシアには二十九万人、ベトナムには十万人も布陣させている。やはり帝国陸軍の意図は大陸アジアの植民地解放であり、太平洋戦域は囮であったと結論づけざるを得ない。前述した通り、それが最初から意図されたものなのか、それとも帝国海軍の無様なる負けぶりから結果的にそうなったのかは不明である。しかし、アジアの解放という開戦目的達成の大きな礎となったことは間違いないであろう。

フィリピン戦域日米布陣数			
太平洋戦域　日本軍　布陣数		米軍　布陣数	
フィリピンの戦い	529,802		1,250,000
小計	529,802	小計	1,250,000
太平洋島嶼域日米布陣数			
太平洋島嶼域日本軍布陣数		太平洋島嶼域米軍布陣数	
エニウェトク	2,812		10,367
クエゼリン	8,782		41,446
ガダルカナル島	36,204		60,000
アッツ島	2,650		11,000
タラワ	2,600		35,000
マキン	353		6,470
サイパン	31,629		66,779
テニアン	8,500		54,000
グアム	22,554		55,000
硫黄島	22,786		110,000
沖縄	116,400		548,000
ペリリュー	10,900		47,561
小計	266,170	小計	1,045,623
計	795,972	総計	2,295,623

表２　フィリピン・太平洋島嶼戦域における日米軍の布陣兵員数

次に終戦時における日本軍の駐屯地域と兵員数を表3、図1に示す。

陸軍は中国本土が百五万人と最も多く、次に多いのが満洲の六十六万人である。インドネシアが二十三万人である。その他の地域でも十万人程度の日本軍が進駐していた。

日本軍は戦争中に与えたアジアの独立を守るため、終戦時にも約二百四十五万もの軍人軍属を帝国領土以外の地に残存させていたのである。

陸軍兵二十六万人が布陣した太平洋島嶼部での生き残りはわずか四万八千六百名である。このデータからも太平洋島嶼戦が苛烈なる消耗戦であり、玉砕戦であったことを窺い知ることができる。

次に日本軍軍人軍属戦没者数を地域別にて見てみる。表4と図2に地域別戦死者数を示す。

このデータを見ても「アジアの解放独立」を掲げて戦った大陸アジアでの戦死者数が米国があたかも主戦場であるかのように取り繕った太平洋島嶼部の戦死者数を遙かに上回っていることが明らかとなる。

白人植民地主義からの独立解放地域であったフィリピン、支那、ミャンマー、ニューギニア、スマトラ・ジャワ・ボルネオ、仏領インドシナでの戦死者数を合わせると約百三十五万人以上に上る。中部太平洋諸島における戦死者数二十四万七千二百の五―六倍となり、大東亜戦争の主戦場は大陸アジアであったことが明らかとなった。大日本帝国は帝国政府声明において明確化したとおり、東亜解放と大東亜共栄圏確立の対象地域を主戦場とし、対象外で

兵数（人）			構成比（%）	
	陸軍	海軍	陸軍	海軍
千島・樺太	8万8000	3000	3.0	0.8
朝鮮北部	9万4000	8400	3.2	2.2
朝鮮南部	20万0200	3万3300	6.8	8.7
台湾	12万8100	6万2400	4.3	16.3
満州	66万4000	1500	22.4	0.4
中国（含む香港）	105万5700	6万9200	35.6	18.1
ミャンマー（含むインド）	7万0400	1100	2.4	0.3
タイ	10万6000	1500	3.6	0.4
仏領インドシナ	9万0400	7800	3.1	2.0
マレー・シンガポール	8万4800	4万9900	2.9	13.1
インドネシア	23万5800	5万5500	8.0	14.5
フィリピン	9万7300	2万9900	3.3	7.8
太平洋諸島	4万8600	5万8300	1.6	15.3
計	296万3300	38万1800	100.0	100.0

表3　終戦時における日本軍の駐屯地域と兵員数

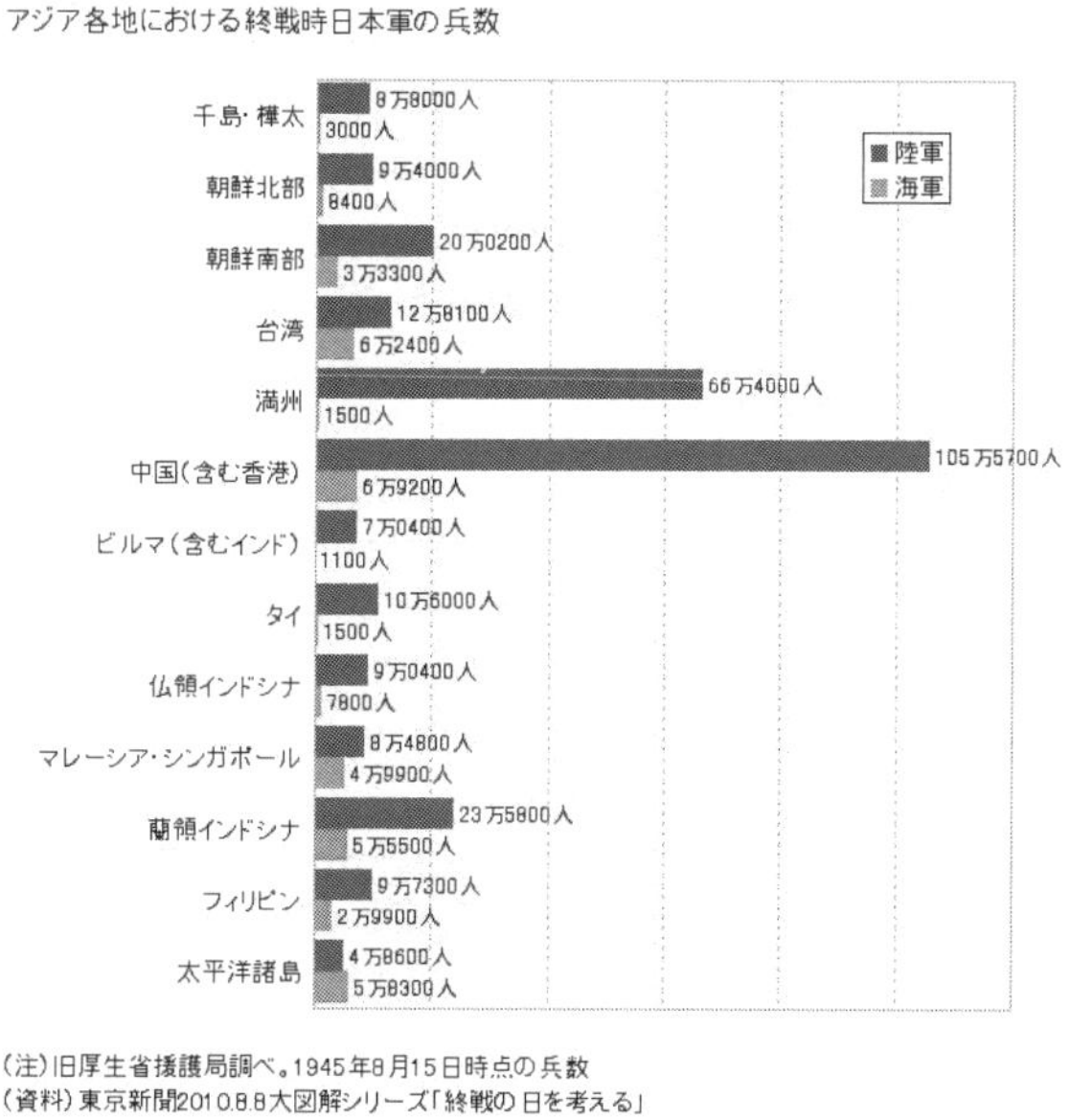

（注）旧厚生省援護局調べ。1945年8月15日時点の兵数
（資料）東京新聞2010.8.8大図解シリーズ「終戦の日を考える」

図１　終戦時における日本軍の駐屯地域と兵員数を表すグラフ（東京新聞 2010.8.8 大図解シリーズ「終戦の日を考える」より引用）

フィリピン	498,600
支那	455,700
中部太平洋諸島	247,200
ミャンマー	166,900
ニューギニア	127,600
ビスマルク・ソロモン諸島	118,700
日本本土	103,900
スマトラ・ジャワ・ボルネオ	90,600
沖縄諸島	89,400
シベリア	52,700
滿洲	46,700
台湾	39,100
朝鮮	26,500
小笠原諸島	15,200
仏領インドシナ	12,400
樺太・千島	11,400
マレー半島・シンガポール	11,400
タイ	7,000

表４　日本軍軍人軍属地域別戦没者数（1937 − 45 年）

あった太平洋諸島域を米軍を引き付けておくための陽動囮戦場としたのである。だから、作戦的勝利を収めるに十分な兵員補給品を配置しなかったのである。

ここで賢明なる読者諸兄に窺いたい。

もしも貴殿が当時帝国陸軍の指導的地位にあったとして、開戦時に政府声明にて開戦目的は東亜における白人植民地の解放と大東亜共栄圏の確立であると宣言しており、米軍は東亜大陸域には反撃してこず、太平洋島嶼域から反撃を開始しており、島嶼域にはすでに勝利はできずとも、米軍を手こずらすには十分な兵員が配置してあ

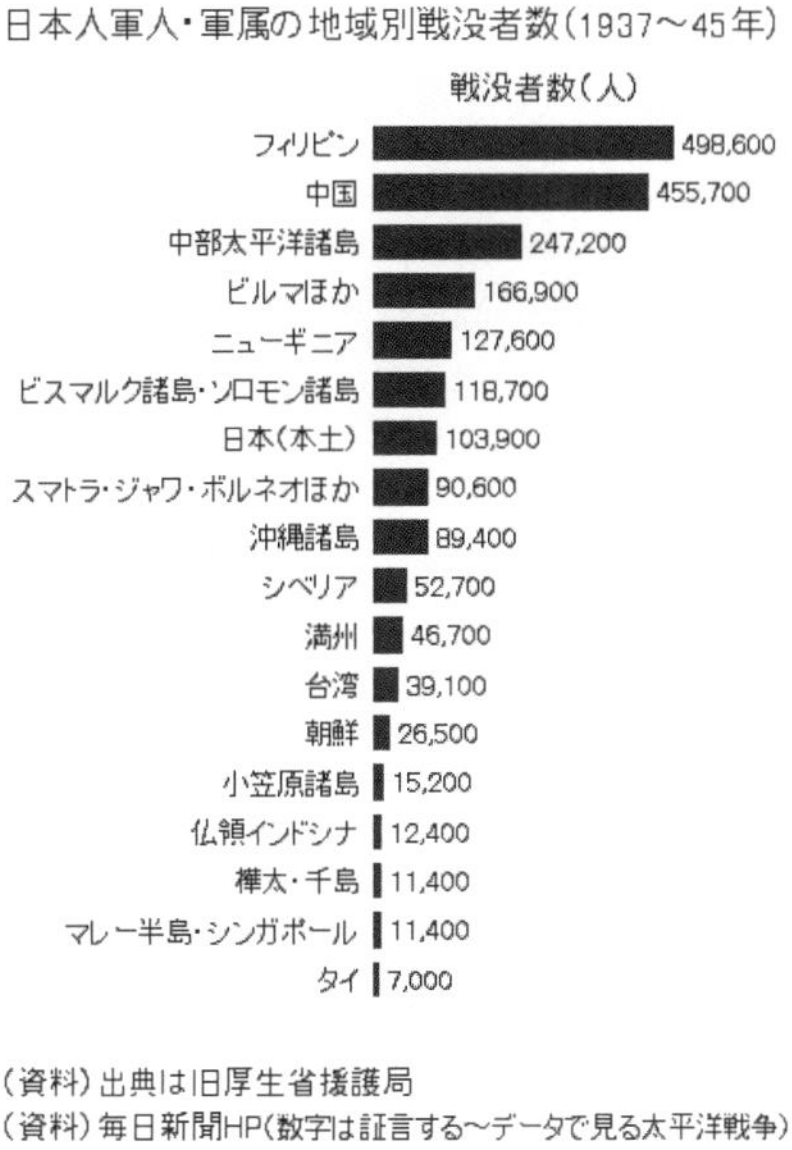

（資料）出典は旧厚生省援護局
（資料）毎日新聞HP（数字は証言する～データで見る太平洋戦争）

図２　日本軍軍人軍属地域別戦没者数を表すグラフ

るばあい、貴殿は東亜大陸域と太平洋島嶼域のどちらを優先解放地域と指定するであろうか。

答えは明白であろう。人口稀少なる南洋の小さな島々など大東亜共栄圏の対象とはなり得ないゆえ、優先解放地域は東亜大陸域となる。南洋諸島は陽動囮作戦域として活用することになったであろう。

あとがき

ハリウッドが大東亜戦争を取り上げるとき日本を卑怯なる騙し討ち（真珠湾攻撃）をした悪辣なる侵略国家と捏ち上げ、米軍の勝ち戦の場面だけを取り上げて映画を完成させる。これは米国白人（白人アメ公）特有のトリックである。自分たちに都合の悪い歴史事象をオミットしているのである。奴らは真珠湾攻撃の前に何が起きていたのかを描かないし、原爆投下の後に世界で何が起きたのかを描かない。かの戦争の前後を前と後とを描くと悪党とは米国そのものであったことが暴露されるからである。

真珠湾の前はアジア・アフリカのほとんどが白人列強の植民地だった。原爆の後、その植民地はすべて消滅し独立国家となった。ましてや、東亜六ヶ国が戦争中に日本軍によって独立を獲得し、一ヶ国が独立宣言をしていたなどという事実は口が裂けても言えない。それを言うと、米国は日本が主導するアジア解放を原爆を使ってまで阻止しようとした、ナチスよりも悪逆非道な国家であることが明らかとなるからだ。斯様に白人は歴史の切り貼りというトリックに長けている。

歴史のトリックは時間軸を切り貼りすることであるが、白人はそれだけでは満足できずに、空間の切り貼りも行った。彼らは勝ち戦の戦場のみを切り取り、負け戦の現場を抹消した。これはもう単なるマジックやトリックではない、堂々たるイリュージョンである。そのイリュージョンに我々日本人は七十三年間騙されてきた。そろそろ目を覚ましてイリュージョンの絡繰《からく》りを暴こうではないか。

たった二十六万の帝国陸軍将兵は南海の孤島で飢えと病気に苦しみながら、百四万の米軍を三年八ヶ月にわたって足止めさせ、十万人もの戦死者を米軍に与えた。そしてその間東南アジア六ヶ国を独立させ、一ヶ国に独立を宣言させた。

まったく見事と言うほかない陽動囮作戦である。人類の軍事史に残る快挙である。

靖国神社に眠る英霊に敬礼。

第二章　ソ連参戦など終戦の決断に何の影響もなかった

（初出：『國の防人　第七号』）

〝ソ連参戦原因論〟はプロパガンダ

著者は以前より「ソ連参戦が終戦を決断させた」という説は日本共産党がその親分であるソ連を強く見せるために捏ち上げた〝プロパガンダ〟であると主張してきた。

以下に安濃の著書『大東亜戦争の開戦目的は植民地解放だった　帝国政府声明の発掘』(展転社）139ページより引用する。

ソ連参戦が終戦の原因であり原爆投下が原因ではないとする輩が存在する。これも日本共産党がそのご主人であるソ連を強く見せるために捏ち上げた嘘である。終戦の詔書にもその他の政府の公文書にもソ連軍が参戦したから終戦とするなどという文言はどこにも見いだせない。実際、千島樺太の戦いでも、ソ満国境での戦いでも帝国陸軍は善戦した。敗北したから戦闘を止めたのではない。東京から停戦命令が来たから止めたのだ。また、たとえ千島樺太など失ったところで、米が獲れない領地は本来の大和民族の領土ではありえず、この地を失うのが敗戦の原因とは笑止である。

北千島の小島にすぎない占守島でさえ日本軍に全滅させられそうになったソ連軍が、精鋭旭川第七師団が守る北海道に上陸し占領できるなどという理論はどこから出てくるのか理解不能である。このソ連軍による北海道占領論も日本共産党がそのご主人であるソ連軍を強く見せるために捏ち上げた虚構である。海軍力など無きに等しい終戦時の旧ソ連に米軍並みの上陸作戦を敢行する力などあろうはずがない。世界最大最強の海軍力を有する米軍ですら諦めた日本本土上陸作戦を旧ソ連軍が容易に実現できるなどという妄想は日本共産党特有のものである。同様に米軍の核投下は戦後の冷戦勃発を見据えたソ連への威嚇であったという論理も日本共産党によるソ連を強く見せつけるための演出である。公開された米国の公文書のどこを探してもソ連への〝当てこすり〟のため原爆を投下したなどという記述は見いだせない。

上記に示したソ連参戦が陛下による終戦決断の主要因であるという説を本論では〝ソ連参戦決定論〟と呼称することとする。

今回、著者は「大東亜戦争全史草案　第10編　第7章」（国立公文書館アジア歴史資料センター所蔵）のなかに上記ソ連参戦決定説を否定する文書を見いだした。資料―1に示す文書は昭和三十一年に防衛研究所によって作成されたもので、レファレンスコード　C13071343300「原子爆弾とソ連の参戦」に次のように記載されている。

東郷外相は八日午後、宮中の地下室に於て拝謁、原子爆弾に関する敵側発表並に之に関連する事項を上奏したが、陛下よりこの種武器が使用さらるゝ以上戦争継続は愈〻不ないことに落着き、八月八日の新聞は「廣島は新型爆弾により相当の損害を受けた」旨の七日附大本營発表を掲載した。

一方、参謀本部は八月七日、第二部長有末精三中将を長とし、原子エネルギーの最高権威者仁科芳雄博士、航空本部及陸軍軍医学校の関係者数名より成る調査委員を廣島に派遣した。一行は途中航空事故の為遅れ、翌八日午後漸くにして廣島に到着したが、直に新型爆弾は原子爆弾に外ならないことを確認して東京に報告した。

天皇の即刻終戦意図　右調査委員の報告が東京に到着する以前に東郷外相は鈴木總理と相談の結果、ポツダム宣言の迅速な受諾方を陛下に奏上することに決めていた。

東郷外相は八日午後、宮中の地下室に於て拝謁、原子爆弾に関する

0233

敵側発表並に之に関連する事項を上奏したが、陛下よりこの種武器が使用せらるゝ以上戦争継続は愈々不可能となるにより、有利な条件を得んが為に戦争終結の時期を逸するは不可なり、条件を相談するも纒らざるに非るが成るべく速に戦争の終末を見る様努力せよとの御沙汰があり、又その旨を鈴木首相にも傳へる様命ぜられた。

仍て鈴木首相は直に最高戦争指導会議を開くことにしたが会議員の或者の都合が悪かった為延期された。

二　ソ聯の参戦

驚くべき回答　一方、日本の指導者達は八月八日の深夜中（モスコー時間八日午後五時）に行はれる予定の佐藤大使とモロトフ外務人民委員との会見の結果を鶴首して待っていた。スターリンとモロトフ

0234

資料—1「原子爆弾とソ連の参戦」

可能となるにより、有利な条件を得んが為に戦争終結の時期を逸するは不可なり、条件を相談するも纒らざるに非るが成るべく速に戦争の終末を見る様努力せよとの御沙汰があり、又その旨を鈴木首相にも伝へる様命ぜられた。

仍て鈴木首相は直に最高戦争指導会議を開くことにしたが会議員の或者の都合が悪かつた為延期された。

この文書を見る限り、昭和陛下が終戦を命じられたのは八月八日の午後としか記しておらず、正確な時刻は不明である。しかし宮内庁編纂による『昭和天皇実録』を見ると、東郷外相が宮中へ上奏に伺ったのは午後四時四十分と記してある。この時点でソ連はまだ対日参戦を布告しておらず、陛

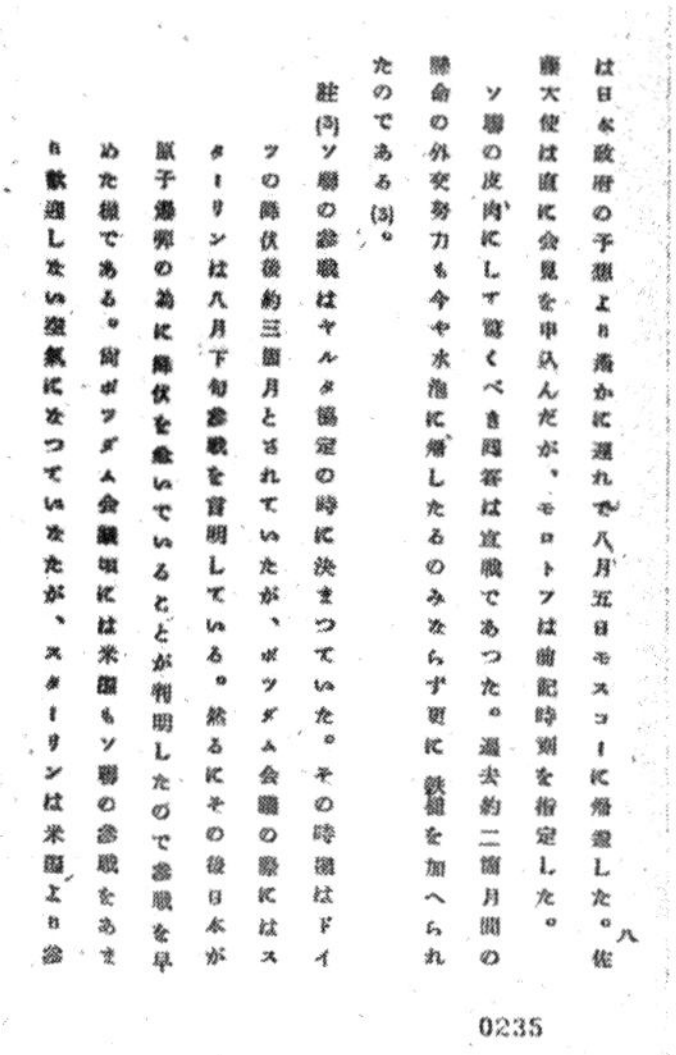
は日本政府の予想より遥かに遅れて八月五日モスコーに帰還した。佐
藤大使は直に会見を申込んだが、モロトフは前記時刻を指定した。
ソ聯の皮肉にして驚くべき回答は宣戦であつた。過去約二箇月間の
懸命の外交努力も今や水泡に帰したるのみならず更に鉄槌を加へられ
たのである(3)。
註(3)ソ聯の参戦はヤルタ協定の時に決まつていた。その時期はドイ
ツの降伏後約三箇月とされていたが、ポツダム会議の際にはス
ターリンは八月下旬参戦を言明している。然るにその後日本が
原子爆弾の為に降伏を急いでいることが判明したので参戦を早
めた様である。尚ポツダム会議頃には米国もソ聯の参戦をあま
り歓迎しない空気になつていなたが、スターリンは米国より参

0235

下は八月六日の広島への原爆投下のみを根拠に終戦を命じられたことは明らかである。

終戦の詔書にもソ連参戦の記述はない

ソ連政府が対日宣戦を伝えたのは陛下が終戦を指示してから約六時間後の八月八日午後十一時（日本時間）である。駐モスクワ日本大使である佐藤尚武がソ連外相モロトフに予てより依頼してあった和平仲介の状況を聞きに行ったその席で告げられた。会談後ただちに佐藤大使はモスクワ中央電信局から日本の外務本省に打電したのであるが、モスクワ中央電信局はその外交電報を受理した振りをしただけで、意図的に日本の電信局には送信しなかった。また日本政府が正式にマリク駐日ソ連大使より宣戦布告書を受領したのは八月十日午前十一時十五分（日本時間）である。

昭和陛下がソ連参戦を初めて知ったのは九日午前九時三十七分である。そのとき、陛下は梅津美治郎陸軍参謀総長よりソ連参戦の報告を受けた。また同日、長崎にも原爆が投下され

たが、陛下はそれらの新たな動きに動じることなく、八日午後における終戦指示をそのまま堅持され、ポツダム宣言の受諾を命ぜられた。

以上の時系列分析から明らかとなるのは、昭和陛下がソ連の対日参戦前に終戦を決断されていたという事実であり、ソ連参戦など終戦判断には無関係であったという事実である。

また、この事実は終戦の詔書とも一致する。詔書には原爆を使用するような戦争（核戦争）を継続するなら大和民族が滅びるだけでなく、人類文明まで破滅させる故、ここで戦争を終結させなくてはならないと述べているが、もしもソ連参戦が終戦決断の主たる要因であったのなら、ソ連参戦に関する記述が原爆と同様に記されていても良いはずである。しかし、そこにはソ連のソの字も見いだすことはできない。

日本共産党とそのお仲間の所謂〝進歩的文化人たち〟が主張するように「終戦はソ連参戦により決断された」ということが事実であるなら、八月八日の日本時間午後四時四十分以前に、ソ連参戦が陛下の耳に届けられていたことを証明しなくてはならないわけであるが、ソ連参戦はその六時間後であり、陛下がそれを知ったのはさらに約十時間後の翌九日の午前九時三十七分である。それゆえ〝ソ連参戦決定論〟は完全に否定される。

〝ソ連参戦決定論〟は八月八日以前にソ連が参戦しており、その事実を昭和天皇が八月八日午後四時四十分以前に知っていたと設定しなくては成り立たない。日本共産党はソ連参戦を勝手に十六時間も早めて設定し、〝ソ連参戦決定論〟を捏ち上げたのである。

日本共産党は時間軸を勝手に切り貼りすることが得意である。その典型例が「彼の大戦において日本はアジア各国に迷惑を掛けた」という論理である。この言説ほど左翼の出鱈目さを言い表す文章はないであろう。なぜなら、「子供が生まれてから親が生まれた」と言う科学的にあり得ないことを言っているのと同じことだからである。

日本軍進攻前の東南アジア地域に各国など存在しなかった。存在したのは白人植民地ばかりであった。完全独立国家と言えるのは、大日本帝国、タイ国だけで、支那は半植民地、それ以外の地域はすべて完全に白人の植民地であった。

アジア各国が誕生したのは、大日本帝国がアジアへ進攻し、白人たちをアジアから追い出した後である。すなわち、大日本帝国陸海軍が進攻したからアジア各国が生まれたのであり、すでに生まれていた各国に日本軍が進攻したわけではない。日本軍進攻こそがアジア各国誕生の生みの親であるのに、親より先に子が生まれるはずなどあるわけがない。

左翼の常套手段は自分たちの歴史観を正当化するためには、タイムマシーンのように時代の前後を入れ替えることである。

日本共産党とそのお仲間の進歩的文化人が、ソビエト共産党の指示のもと捏ち上げた歴史事象とはそのように稚拙なものばかりなのである。科学的論理性を以て分析するなら、本論文で示したように容易に論破できるお粗末さである。

追記：米軍の核投下は戦後の冷戦勃発を見据えたソ連への威嚇であったという論理も日本

共産党による捏ち上げであるが、この説の捏造はソ連を強く見せつけるためだけではなく、ソ連による核保有を米国のせいにするための演出でもある。

第三章　外務省も陸軍省も大本営も個人的趣味の会だったのか

（初出：『國の防人　第八号』）

はじめに

昭和十五年九月十二日といえば開戦からほぼ一年と三ヶ月前であり、明らかに戦前である。昭和十五年が戦前であったことを読者諸兄におかれてはまずは確認されたい。確認できない者はこの後の議論にはついて来れないであろうから、ただちにここから立ち去っていただきたい。

日本共産党左翼とその仲間の左翼新聞、いわゆる「進歩的文化人」、「見せかけの戦勝国」すなわち「疑似戦勝国」にすぎない米国が戦後になって宣伝したプロパガンダ歴史観に「アジア解放建前論」「アジア解放後づけ論」「アジア解放結果論」という「アジア解放虚構論三点セット」が存在する。

日本共産党と疑似戦勝国である米国は戦前のわが国を悪党とすることに余念がない。もし大日本帝国がアジア解放の英雄であったなら、その英雄に追われていた日本共産党は敵役の悪党と見なされるゆえ、大日本帝国を悪党としなくては立つ瀬がなくなるのである。

古来「ヒーローに弾圧されるのは悪党である」と相場は決まっている。例えば、ちょっと古いが、仮面ライダーに対する悪党はショッカーであり、ウルトラマンに対する悪党はバルタン星人である。大日本帝国の場合、敵役の悪党は日本共産党であった。

共産党は大日本帝国の基盤たる立憲君主制と議会制民主主義を暴力革命によって破壊しよ

うと党是に書き込んであったから攻撃された。攻撃されて当然である。共産党は自分たちが弾圧されたと大日本帝国を非難するが、それでは話があべこべである。実相は共産党が大日本帝国を暴力革命をめざして弾圧していたから、仕返しに弾圧されただけである。それゆえ共産党弾圧は正しい。現在でも継続すべき弾圧である。

疑似戦勝国である米国にとっても大日本帝国を悪党としなくてはならない理由があった。そうしなくては米国という理念国家が立ちゆかなくなるからである。もし、日本がアジア解放の英雄国家であったら、米国は大日本帝国が目指したアジア解放を核兵器まで使って阻止しようとした悪党国家と見なされてしまうし、またフィリピンという虎の子の植民地を英雄国家日本に粉砕されたただの間抜けにされてしまうからである。このように、日本共産党左翼と〝疑似戦勝国家＝米国〟には戦前の日本を悪党と決めつけなくてはならない必然性があるのである。

悪党である共産党と米国が大日本帝国を悪人化して自分たちを正当化しようとすることは、彼らが正真正銘の悪党であるからして理解できるが、わが国には諸外国の保守論壇ではあり得ない不可思議が一つ存在する。それは左翼共産党のみならず、保守論壇にも「アジア解放虚構論三点セット」を唱える輩が多く見られるという現実である。保守論客のなかにも「アジア解放は後づけだった」、「アジアの独立は結果論だった」、「自存自衛のためにアジア解放を建前として利用した」などとあからさまに発言する保守論客が後を絶たない。

日本保守の基本歴史観は「敗戦侵略史観」であり、筆者は侵略自虐史観に塗れる保守論壇を「敗戦自虐保守」と命名した。

本論文は彼ら共産党左翼と敗戦自虐保守の諸君にとってはきわめて残念な歴史分析結果を報告することになる。「アジア解放虚構論三点セット」そのものが虚構であり後づけであったことが論理的に証明されてしまったのである。

その人が拠って立って生きてきたその歴史観を覆させることほど苦痛に満ちた行いはない。しかし、誠に残念なことであるが、筆者には時代を先へ進める義務があり、この真実を明らかとしなくてはならない。共産日教組左翼と敗戦自虐保守の皆様におかれては本論文を読了後「アジア解放虚構論三点セット」を放棄するよう切にお願いしたい。

外務省検討会議「緬甸《めんでん》（=ビルマ）独立援助に関する件」議事録

この資料は国立公文書館アジア歴史資料センターから発掘したものである。大東亜戦争関係緬甸問題「緬甸独立と日緬同盟条約締結関係」に関する資料集である。

上記資料集のなかに「緬甸独立援助に関する件」という記録文書（レファレンスコード：B02032946200）を見いだせる。「文書番号０４６３　緬甸独立援助に関する件」を資料１に示す。

この文書はビルマ現地で昭和初期から長年にわたって独立支援を行ってきた国分正三氏が

課報活動その他の支援活動を理由に英国官憲により国外追放処分となり帰朝したことを受け、昭和十五年九月十二日に外務本省にて開かれたビルマ独立運動現況報告並びにビルマ独立工作に関する検討会の結果を抄録したものである。

国分正三氏については論文末にウキペディアより引用し紹介する。

文書番号０４６３には次のごとく会議内容の要録が示されている。

緬甸独立援助に関する件
昭和十五年九月十二日
レファレンスコード
B02032946200
資料１ 文書番号０４６３　緬甸独立援助に関する件

外務省に於て陸軍（高山中佐）、参本（村上中佐）、軍令部（松水中佐）、外務省（与謝野欧二課長、笠原事務官、中川事務官、他一名の事務官）など関係者が参集した。最近緬甸より追放処分に附せられ帰朝したる国分正三を交へて、国分起草の緬甸独立企画草案を基礎として種々本件対策につき協議した結果、大体以下のごとき意見の一致を見た。

一、緬甸独立援助は原則的に適当と認められる。

二、緬甸は英国牽制の為の媒略を行う国としては諸般の情勢を鑑みるに最適地と考えられる。

三、緬甸の親日傾向及び反英傾向を考慮すれば、緬甸に於て独立運動を起さしめ、かつそれを成功に導くことは必ずしも難しいことではない。問題は独立後それを維持できるかどうかの点にあり。緬甸人のみにては当分独立維持の能力はなく、独立維持は日本の兵力に依存するを要するゆえ、日本にして緬甸に援兵を派遣するしかないが、まずは如何にして援兵を派遣すべきかを議論すべきである。しかして緬甸独立問題は対仏印及泰国問題と密接不可分の関係にあるゆえ、緬甸独立援助問題も対仏印及泰国問題等と一連の関係に於いて考察されるべきである。

四、我が国が緬甸の独立を積極的に援助し得る態成を整えずして、もっぱらに緬甸に於て独立運動を起来させるならば、折角蜂起せる緬甸愛国の志士をして犬死させることになり将来に禍根を残すであろう。

次に資料2の文書番号0464に国分正三起案の緬甸独立企画草案が示され、資料3の文書番号0467ではビルマの独立蜂起に必要な武器弾薬兵員とその搬入ルートまで具体的に次のように記載されている。

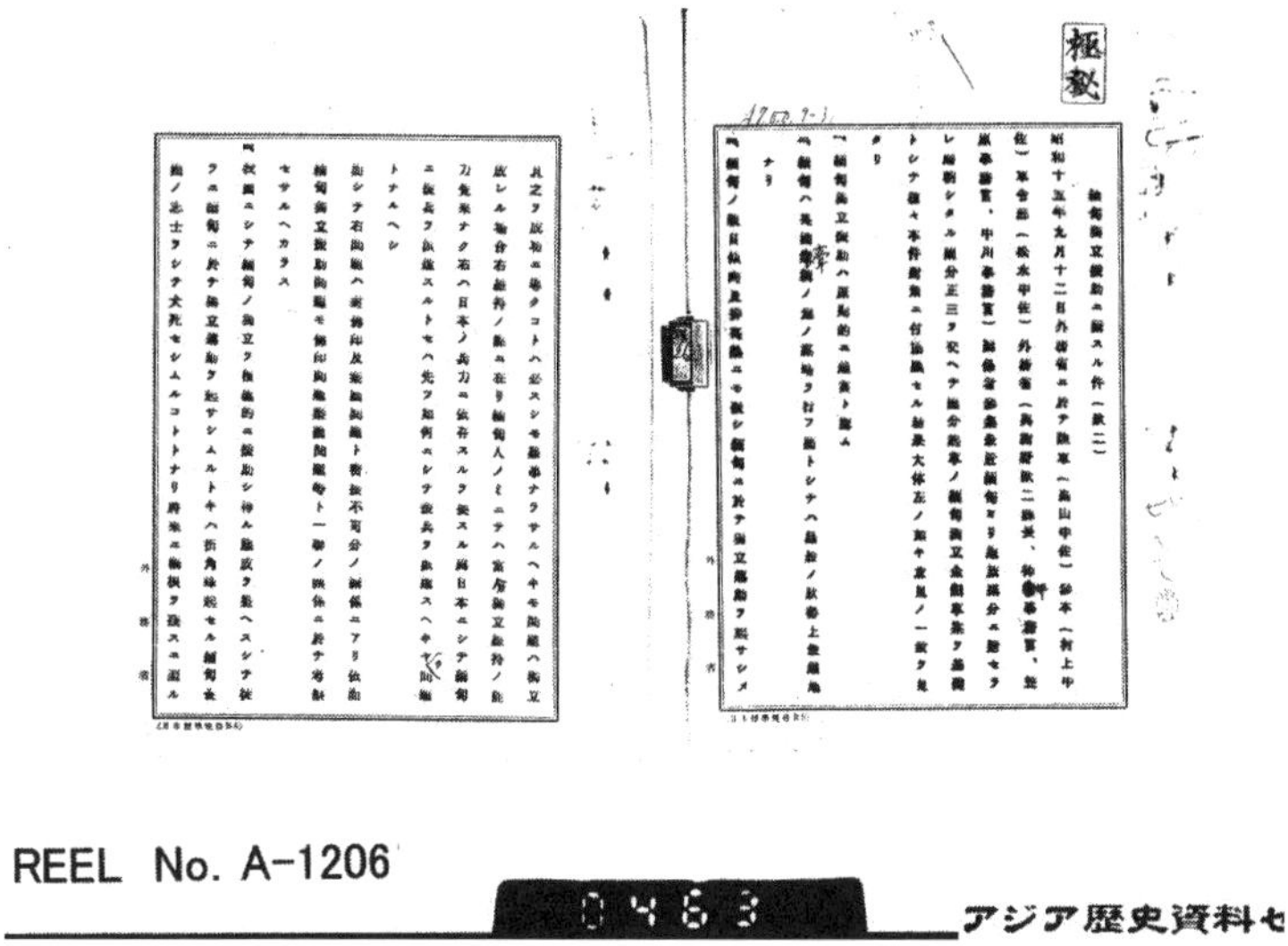

資料１　文書番号 0463　緬甸独立援助に関する件

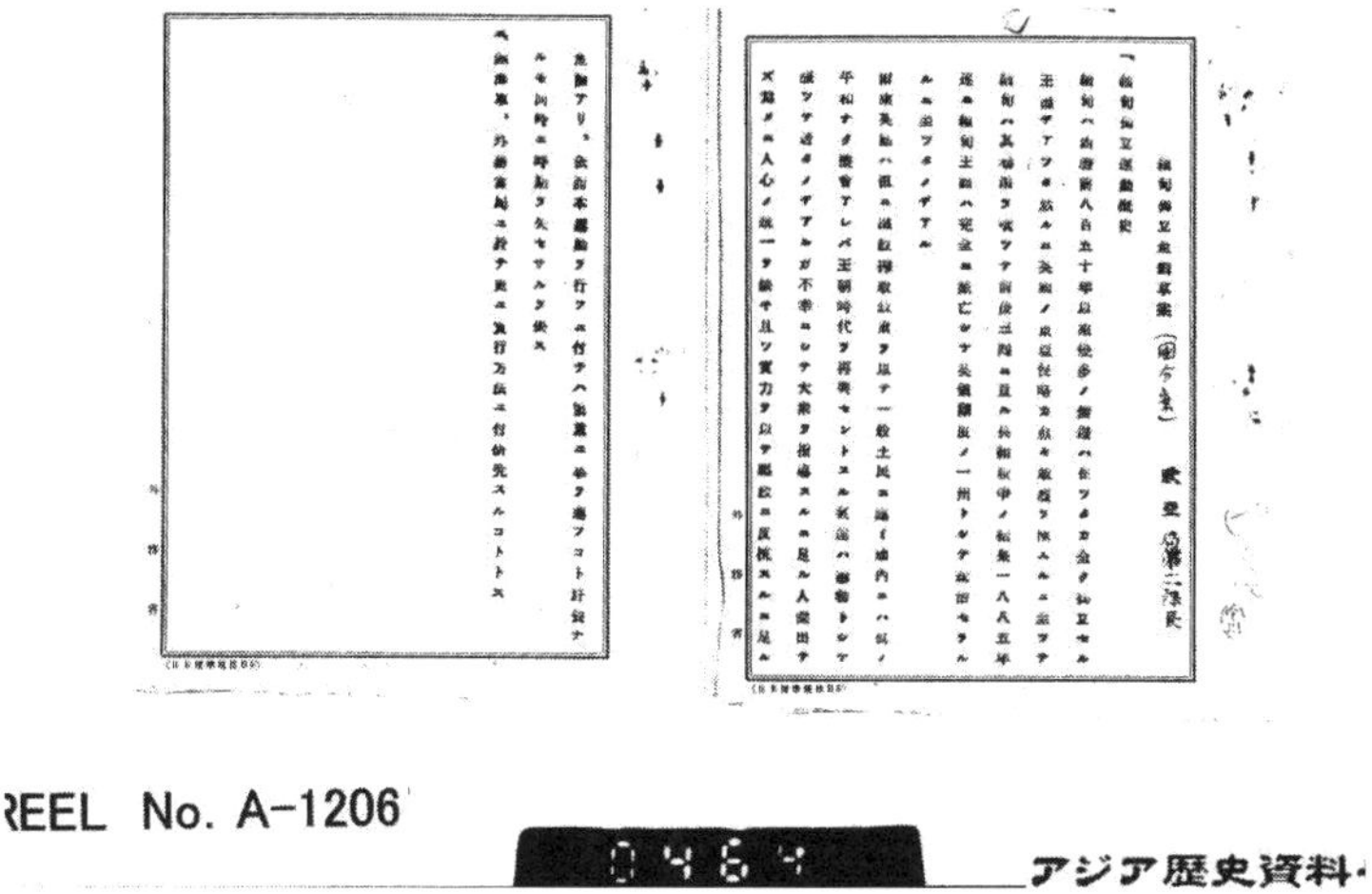

資料２　文書番号 0464　国分正三起案の緬甸独立企画草案

当面必要とする武装：
小銃：五〇〇〇丁（機関銃含む）
実包：一〇〇万発
手榴弾：若干
短波無線機および操作人員
紙幣：一〇〇万ルピー
歩兵：一ヶ大隊と若干の補助部隊
武器の搬入ルートについてはビヤポン河口、デデヤ河口など、輸送船は数十トン規模。

さらに資料4の文書番号０４６８では、当時の親英政権であるウプー内閣を倒し、反英活動を続けてきたバーモウ、ウバペーなど独立派による連立内閣を樹立すべきであるとし、国際情勢を考慮しながら一九四〇年十月ないし十一月に決起するとしている。指導本部はラングーン、支部をモールメン、バッセン、マンダレーの三ヶ所に置き、ビルマ国民への啓発についても次のように提案されている。

一、新内閣の樹立に呼応して新聞などメディアを動員して大衆を啓発する。
二、僧侶達を動員して各家庭を訪問させ国民の支持を獲得する。

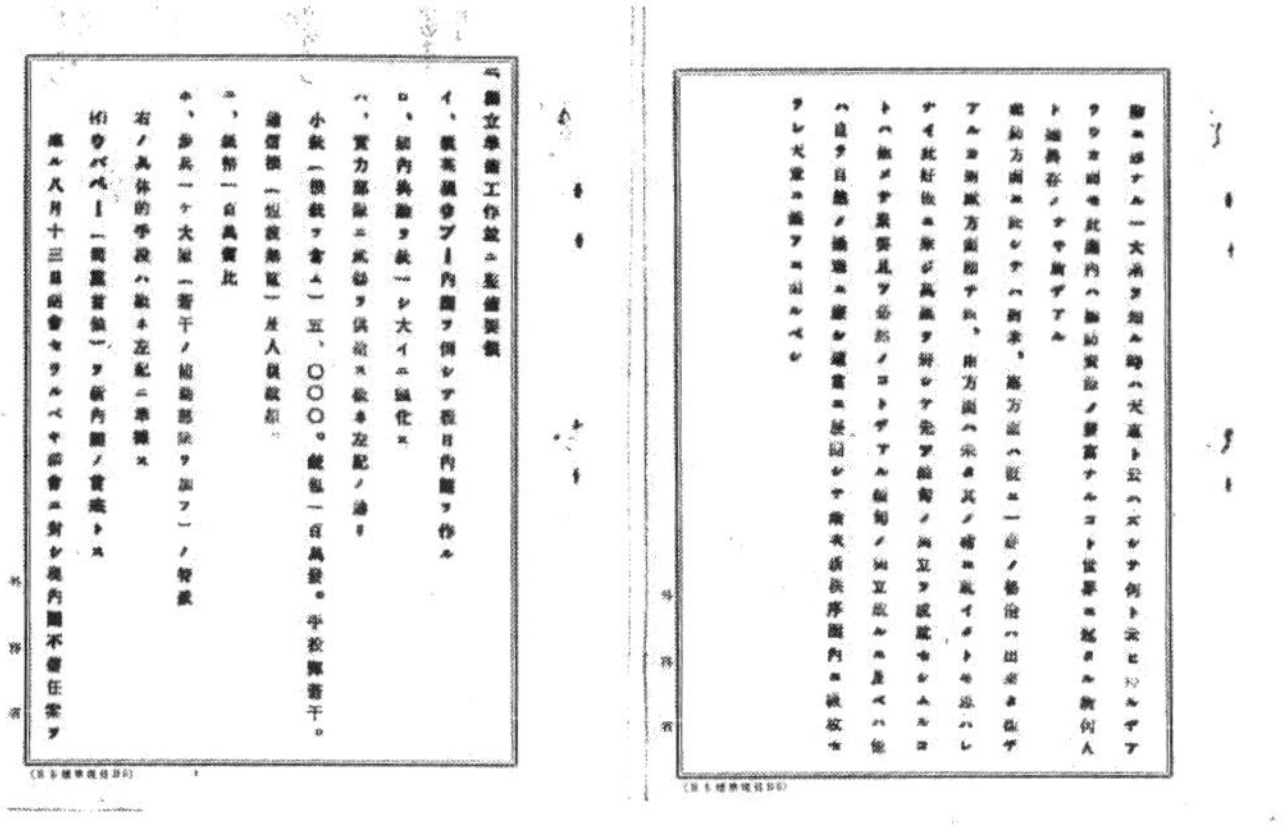

EEL No. A-1206

0467

アジア歴史資料

資料3　文書番号0467
ビルマの独立蜂起に必要な武器弾薬兵員と搬入ルート

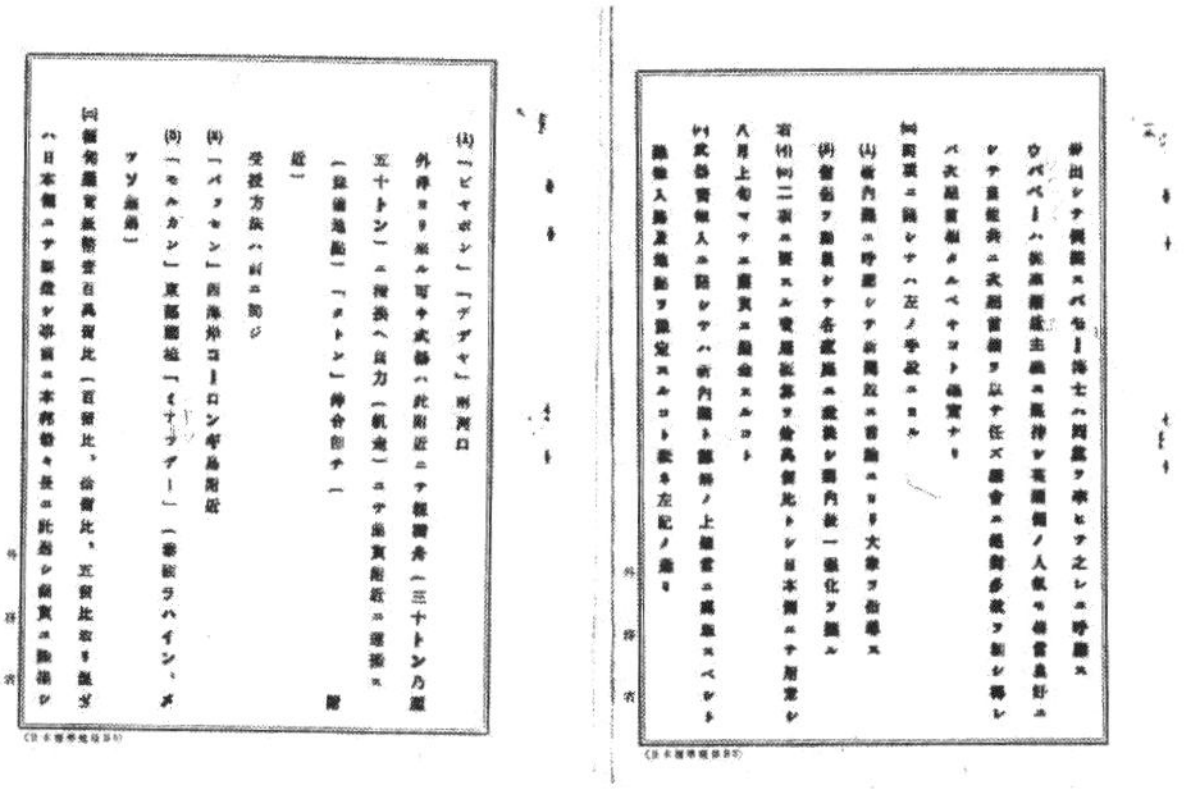

EEL No. A-1206

0468

アジア歴史資料セ

資料4　文書番号0468　クーデター要領

資料5の文書番号0415は昭和十六年一月七日付で陸軍参謀総長杉山元から陸軍大臣東条英機宛に送られたビルマ工作要員の増員に関する要望書である。本文書によればビルマ工作要員として陸軍大佐一名、尉官五名の増員を要求しているが、この陸軍大佐はビルマ独立工作を担当した特務機関である南機関を主導した鈴木敬司大佐（機関長）であろうと思われる。南機関の発足は昭和十六年二月一日であり、上記増員要望書の時期と一致する。文書内で尉官五名の増員が必要とされているが、南機関発足時の人員構成を調べてみると以下の通りである。

陸軍―佐官一名
鈴木敬司大佐（機関長）
尉官五名
川島威伸大尉、加久保尚身大尉、野田毅中尉、高橋八郎中尉、山本政義中尉
（この中で川島大尉、加久保大尉、山本中尉の三名は陸軍中野学校出身）
海軍―佐官三名
児島斉志大佐、日高震作中佐、永山俊三少佐
民間―四名
国分正三（海軍予備役大尉）、樋口猛（陸軍中野学校出身・上海特務機関員）、杉井満（興

亜院）、水谷伊那雄（満鉄調査部）

たしかに陸軍からは一名の左官と五名の尉官が派遣されており、昭和十六年一月七日付要望書に一致する。それゆえ資料番号０４１５は翌月二月一日に迫った大本営直轄機関である南機関の正式発足に向けた要望書であったことは確実である。

これら人員のなかで着目すべきは野田毅中尉である。野田中尉は南京攻略戦の際に毎日新聞が捏ち上げた「百人斬り競争」という冤罪のため戦犯として逮捕・処刑された、あの野田少尉と同一人物である。野田は南京作戦の後広東作戦に従軍、その後南機関員としてビルマ独立工作に従事していた。

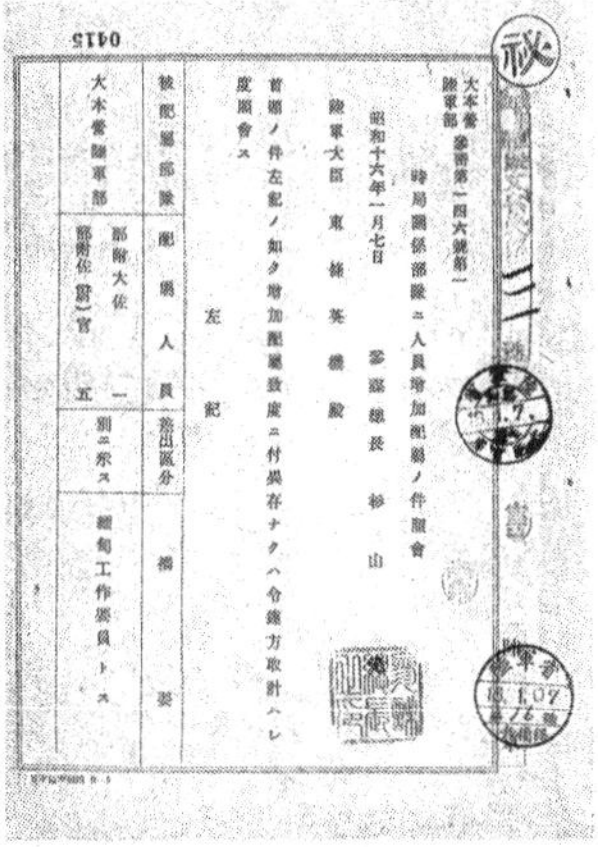

0415

大本営陸軍部　参密第一四六號第一

時局関係部隊ニ人員増加配属ノ件照会

昭和十六年一月七日　参謀総長　杉山

陸軍大臣　東條英機殿

首題ノ件左記ノ如ク増加配属致度ニ付異存ナクハ令達方取計ハレ度照会ス

左記

被配属部隊	配属人員	差出区分	摘要
大本営陸軍部	部附大佐　一 部附佐（尉）官　五	別ニ示ス	緬甸工作要員トス

アジア歴史資料センター
Japan Center for Asian Historical Records

**資料５　文書番号0415
ビルマ工作要員の増員に関する要望書**

これは筆者による推測であるが、処刑の理由は虚構の「百人切り競争」などではなく、ビルマ独立に加担したことに対する英国からの報復であったであろうと思われる。鈴木大佐ら他の加担者には戦犯としてのこじつけすら見出すことができず、訴追を断念したのである。処刑前における野田大尉の遺書と経歴を文末に参考として挙げておく。涙せずには読みとれない。

21世紀構想懇談会報告書のデタラメぶり

21世紀構想懇談会というものが存在していた。この組織は安倍総理が平成二十七年八月十四日に戦後七十年談話を発表するに当たり、その叩き台とする歴史分析を事前に行い、報告書としてまとめることを業としていた。

安倍総理としては先の村山談話、小泉談話にてんこ盛りされた「日本悪者論」を払拭し、自虐敗戦史観からの脱却を狙って新たな総理談話を発表する予定であった。しかし、総理の思惑は外れた。懇談会の人員構成を見るかぎり、敗戦利得者と思われる輩が多数を占め、安倍総理がめざす「戦後レジームからの脱却」とはほど遠い陣容であった。こんな構成になってしまった理由は、読売新聞主筆である渡辺恒雄と中曽根康弘元総理の〝敗戦自虐保守コンビ〟からの圧力があったからだと当時報じられていた。

座長は日本郵政社長の西室泰三氏となっているが、実質的に座長として会を取り仕切ったのは副座長の北岡伸一氏である。この人物は敗戦自虐史観の総本山ともいえる東京大学歴史閥を五十旗頭真とともに代表する。侵略敗戦史観の権化である渡辺恒雄読売新聞主筆に送り込まれたそうである。「ナベツネ」こと渡辺恒雄は安倍総理が新談話で侵略敗戦史観をひっくり返すのではないかと危惧し、北岡を送り込んだと言われている。反日親米の読売新聞としては安倍晋三により東京裁判史観が転覆されては困るからだ。アメリカ様に読売新聞と中曽根がGHQとCIAのよき協力者であったという過去をバラされては困るのである。

さて、21世紀構想懇談会報告書の4ページ目に次の文言が記されている。

「なお、日本の1930年代から1945年にかけての戦争の結果、多くのアジアの国々が独立した。多くの意思決定は、自存自衛の名の下に行われた（もちろん、その自存自衛の内容、方向は間違っていた）のであって、アジア解放のために、決断をしたことはほとんどない。アジア解放のために戦った人はもちろんいたし、結果としてアジアにおける植民地の独立は進んだが、国策として日本がアジア解放のために戦ったと主張することは正確ではない」。

この文言をねじ込んだのは北岡伸一であると言われている。「大東亜戦争は日本による侵略戦争であり、アジアの独立を個人的趣味として追求した日本人はいたが、国家としてアジアの独立を主導したことはない」と言ってのけているのである。

北岡伸一氏への公開質問状

それでは北岡伸一氏にお聞きしたい。

一、上記資料は外務省、陸軍省、大本営が残した記録であり、各省庁が明確にアジア解放をめざして行動していたことを証明しているわけであるが、これらの行いが貴殿の主張する通り個人的趣味の範疇であるとするなら、外務省も帝国陸海軍も単なる「趣味の会」であったと貴殿は考えているのであろうか。そうであるなら、かの大戦争における三百万に上る犠牲者も「個人的趣味として徴兵され戦災死した」ことになるが、そのような登山愛好者のごとき個人的趣味で死んでいった戦歿者をなぜ国費でもって千鳥ヶ淵に慰霊しているのか。

二、貴殿は積年にわたる敗戦自虐の功あって現在〝ＪＩＣＡ＝独立行政法人国際協力機構〟理事長を務められているそうであるが、ＪＩＣＡは外務省の下部機関であるゆえ、貴殿が勤務する国際協力機構も〝趣味の会〟にすぎないこととなる。そのような趣味の会に多額の国費を投入しているのは不適切であるゆえ、貴殿は理事長として率先してＪＩＣＡを解散せしめるべきであろうと考えるが如何であろうか。

三、アジア解放が国策として進められたことはないと言うが、そうであれば、上記資料の通りビルマ独立を昭和十五年から推し進めていた外務省、陸軍省、大本営は政府機関ではないことになる。それでは当時の外務省、陸軍省、大本営は一体何処に所属する機関なのか。また、現在その流れをくむ外務省、防衛省は一体どこに所属する機関であるのか。

四、貴殿はアジア歴史資料センター開設に向けた推薦文（二〇一一年五月三十一日）で次のように述べている。

「歴史研究の基礎は何と言っても資料である。私も若いころ、一次資料を求めて、夏の暑い日も冬の寒い日も、多くの資料館を歩き回った。それらの資料を、今では研究室や自宅にいながらにして読むことができる。検索もできる。こんなすごいことはない。

私が日本側座長を務めていた日中歴史共同研究（二〇〇六―二〇〇九）でも、中国の研究者をセンターに案内した。彼らの一部は、すでにこの資料を使っていた。アジア諸国との関係を深化させるためには、正確な歴史事実を基礎とする議論が不可欠だ。そのためにも、アジ歴が今後も発展し、ますます多くの人に利用されることを期待している」。

貴殿は「歴史研究の基礎は何と言っても資料である」と述べ、アジア歴史資料センターの利用を勧めているわけであるが、不思議なことにアジア歴史資料センターの資料を読み解けば読み解くほど、貴殿の過去の研究業績を否定する結論しか得られないのである。本論文もその「否定する結論」の一つである。これはどうしたことであろうか。アジア歴史資料センターの資料が間違えているとは考えられない以上、貴殿がその研究にあたって、一次資料として利用した文献が捏造されたものであったか、それとも貴殿が意図的に歪曲したとしか考えられないのである。この点においても貴殿の見解を賜りたいものである。

以上の質問に答えていただきたい。

おわりに

筆者は従来より、昭和十五年二月の段階で、のちに〝南機関〟と呼ばれる特務機関の前身がビルマにて独立工作を開始していたことを自身のブログ、ネット出版、著作などで繰り返し解説し、アジアにおける欧米植民地解放こそが大東亜戦争の開戦目的であったと訴えてきた。今回、大本営陸軍部から発出された南機関設立へいたる機関員の増員要望書、外務省でまとめられた「ビルマ独立支援に関わる計画書」がアジア歴史資料センターから発掘された。これらの文書はアジア解放は先づけであり、「アジア解放虚構論三点セット」こそが虚構であり、後づけであったことを証明している。

開戦前からアジア各地の独立指導者と独立準備を進めていたから、昭和十八年八月一日のビルマ独立にはじまり、開戦中に六ヶ国が独立、一ヶ国（インドネシア）が独立宣言を行うことができたのである。東南アジア各国は戦後になって自力で独立したなどという言説こそが後づけであり、共産党と〝疑似戦勝国〟アメリカが大日本帝国を貶めるためにでっち上げた虚構だったのである。

本論文の主旨は今回発掘された歴史資料を精査解読詳解することではなく、その存在を再確認することである。戦後の日本論壇では「アジア解放虚構論三点セット」が何の検証も受けずに、あたかも真実であるかのように跋扈《ばっこ》してきた。そのヒステリー的自虐論に塗れて、客観的歴史資料の発掘は後回しにされてしまった。だから、保守論壇が最初になすべきはアジア解放意図を裏づける文書の存在を認めることである。アジア解放文面の詳細研究については今後の他研究者たちからの報告を待ちたい。

参考（ウィキペディアより）

国分正三（こくぶ　しょうぞう、1891年〈明治24年〉4月25日―1974年〈昭和49年〉12月11日）は、日本の海軍軍人。最終階級は海軍大尉。戦前のビルマにおいて諜報活動や、独立運動支援に従事した。

福島県出身。

1910年（明治43年）に海軍兵学校入校、1913年（大正2年）卒業（41期）。同期に草鹿龍之介、大田実、木村昌福らがいる。1919年（大正8年）海軍水雷学校高等科学生となり、翌年海軍大尉に進級。第26潜水艦乗組となり、次いで第43潜水艦に配乗。潜水艦畑を歩みだしたが、上官暴行事件を起こす。1923年（大正12年）、軍法会議で懲役1月、執行猶予1年の判決を受け、国分は免官となった。免官前の国分の位階勲等は正七位勲五等である。

ビルマでの活動：

翌年ビルマに入国した国分は諜報活動に従事し、ビルマ独立運動を支援した。夫人は当時の首都ラングーンで歯科医院を開業し、国分は表向き柔道教師を装った。

１９３７年（昭和12年）に支那事変が勃発したため、日本軍はビルマ公路を攻撃することで援蒋ルートを封鎖する必要が生じた。当時軍令部作戦課長であった草鹿龍之介は国分にビルマ公路の調査を依頼。国分はビルマ人数名を同行し、雲南省大理付近まで踏査した。調査終了後、国分は軍令部に出頭し詳細な報告を行った。その報告は草鹿を感激させるものであったが、海軍側の国分への対応は冷淡であったという。激怒した草鹿は海軍次官・山本五十六に交渉。山本は草鹿の意を了解し、軍務局長・井上成美らと国分、草鹿が面談した結果、国分はその後ビルマの油田調査にあたることとなった。また海軍は国分に『ビルマ施策大綱案』の立案を勧めている。国分はこれに応じてウ・オン・タンによる『ビルマ独立計画書』を提出した。

１９３９年（昭和14年）ごろには、タキン党（ビルマ独立を目的とする政党）幹部と接触を持つようになり、同党の革命計画に参加した。翌年には陸軍の鈴木敬司大佐らがビルマ事情の調査を開始し、ビルマに対する陸海軍の協力体制が整えられ、１９４１年（昭和16年）２月には、大本営直属の南機関が設置され、国分は海軍側要員として参加した。しかし同年８月に国分は英国官憲に逮捕され国外追放された。

参考（ウィキペディアより）

鈴木敬司（すずき けいじ、１８９７年〈明治30年〉２月６日―１９６７年〈昭和42年〉９月20日）

静岡県出身。鈴木房蔵の長男として生まれる。浜松中学校（現在の静岡県立浜松北高等学校）を経て、1918年（大正7年）5月、陸軍士官学校（30期）を卒業。同年12月、歩兵少尉に任官し近衛歩兵第4連隊付となる。1929年（昭和4年）11月、陸軍大学校（41期）を卒業し、翌月、近衛歩兵第4連隊中隊長に就任。

1931年（昭和6年）3月、参謀本部付勤務となる。以後、参謀本部員、参謀本部付仰付（フィリピン潜入）を務める。1933年（昭和8年）8月、歩兵少佐に昇進。陸大教官を経て、1937年（昭和12年）8月、歩兵中佐に進級し参謀本部員に就任。1939年（昭和14年）1月、大本営第10課長を兼務し、同年8月、歩兵大佐に昇進。同年12月、参謀本部付として蘭印駐在となった。

1940年（昭和15年）6月から10月まで、「南益世」名でビルマに出張した。1941年（昭和16年）2月、南機関長となりバンコクに駐在し、同年11月、南方軍総司令部付としてビルマ工作に従事。1942年（昭和17年）6月、留守近衛師団司令部付に発令され、翌月、ラングーンを離れた。同年8月、第7師団参謀長に就任。

1943年（昭和18年）6月、陸軍運輸部付（東京出張所長）となる。同年8月、陸軍少将に進級。以後、第2船舶輸送地区隊長、第27軍参謀長を歴任。1945年（昭和20年）2月、第5船舶輸送司令官に就任。同年4月、札幌地区鉄道司令官を兼務し終戦を迎えた。同年12月、予備役に編入された。敗戦後、英軍からＢＣ級戦犯に指定され、ビルマに連行されたが、アウンサン将軍の抗議により釈放された。
ミャンマー政府は1981年4月、ミャンマー独立に貢献した鈴木ら旧日本軍人7人に、国家最高の栄誉「アウンサン・タゴン（＝アウン・サンの旗）勲章」を授与している。

参考（ウィキペディアより）
野田毅（陸軍軍人）
略歴
鹿児島県南大隅郡田代村（現・肝属郡錦江町）出身。野田伊勢熊の4人兄妹の長男。鹿児島県立第一鹿児島中学校（現・鹿児島県立鶴丸高等学校）卒業、陸軍士官学校第49期。
1937年に起こった日中戦争には、第16師団第9連隊第3大隊の副官として参加（階級は陸軍少尉）。南京への進軍中に歩兵砲小隊長・向井敏明少尉との間で行われた「百人斬り競争」が『東京日日新聞（現毎日新聞）』に報道される。その後、歩兵科から航空科に転科し、広東作戦に参加。この時の模様は、火野葦平『海と兵隊』『広東進軍抄』に描写されている。
1939年5月19日、『東京日日新聞（現毎日新聞）』によって向井中尉は戦死した野田中尉との約束である五百人斬りの約束を実行していると報道された。この時、野田は生存しており日本にいた。
太平洋戦争が始まると、ビルマ（現ミャンマー）独立のための特務機関である南機関に配属となる。後にビルマ国軍の顧問になる。敗戦時は浜松の航空基地にいたが、熊本第6師団決起の情報を基に九州へ向かうものの、飛行場が閉鎖されたため着陸できず、唐津海岸に不時着した。

１９４７年夏、南京への進軍中の百人斬り競争の報道をきっかけに、戦争犯罪の容疑者としてＧＨＱに逮捕される。鹿児島県の警察署に拘留された後、巣鴨拘置所へ、さらに中国・南京戦犯拘留所に移送される。12月４日、住民捕虜虐殺としての「百人斬り競争」の容疑者として起訴。

12月18日、南京軍事法廷において最初の公判が行われ、東京日日新聞（現毎日新聞）の記事と写真、後に国民党宣伝工作員となったハロルド・Ｊ・ティンパーリがその記事を殺人競争という章で紹介した英文書籍等が証拠とされ、証人尋問は行われなかった。向井と野田は無実を証明する書類の到着を待つために公判の延期、また問題の記事を書いた記者と当時の直属の上官の証人召喚を求めていたが認められなかった。その時に、記事は新聞記者による創作であると弁明した。死刑判決後にも記者と当時の向井の上司からの証明書などにより再審を求めたがこれも認められなかった。

１９４８年１月28日、南京の雨花台において銃殺刑が執行された。享年35。野田の名は東京日日新聞の記事が間違った通りに「野田巌」として裁判が進められ、刑も執行された。

遺書

自筆の遺書が1948年（昭和23年）1月28日処刑当日の日記に残されている。

死刑に臨みての辞世
此の度中国法廷各位、弁護士、国防部各位、蒋主席の方々を煩はしましたる事に就き厚く御礼申し上げます。

只俘虜、非戦闘員の虐殺、南京屠殺事件の罪名は絶対にお受け出来ません。お断り致します。死を賜はりましたる事に就ては天なりと観じ命なりと諦めて、日本男児の最後の如何なるものであるかをお見せ致します。

今後は我々を最後として我々の生命を以つて残余の戦犯嫌疑者の公正なる裁判に代へられん事をお願ひ致します。

宣伝や政策的意味を以つて死刑を判決したり、面目を以つて感情的に判決したり、或は抗戦八年の恨みをはらさんがため、一方的裁判をしたりされない様に祈願致します。

我々は死刑を執行されて雨花台に散りましても貴国を怨むものではありません。我々の死が中国と日本の楔となり、両国の提携の基礎となり、東洋平和の人柱となり、ひいては世界平和が到来する事を喜ぶものであります。何卒我々の死を犬死、徒死たらしめない様に、それだけを祈願致します。

中国万歳
日本万歳

天皇陛下万歳

野田毅

第四章　開戦目的は植民地解放だと明記した帝国政府声明

（初出：『國の防人　第九号』）

真珠湾攻撃の日の新聞に掲載された帝国政府声明

たしか平成二十一年（二〇〇九）三月末か四月であった。筆者は生まれて初めて真珠湾攻撃の日の新聞を見た。そして、そこに帝国政府声明があり、そこに開戦目的はアジアにおける欧米植民地の解放であると明記されていることを知った。その経緯については拙著『大東亜戦争の開戦目的は植民地解放だった』（展転社）にて紹介したが、ここでも引用する。

著者がこの〝帝国政府声明〟に遭遇したその経緯について語ろう。

著者は自分が経営するコミュニティーラヂオ局で、社会時評を語る番組を持っている。毎日一、二時間ほど、その時々の政治案件や、歴史、経済、科学技術に関することを語るのだが、その番組の中に昔の新聞を紹介するコーナーを持っていた。

そのコーナーに、リスナーから終戦後初めての正月、すなわち昭和二十一年の元旦はどんな様子だったのか当時の新聞を紹介して欲しいとの要望が寄せられた。そこで著者はスタッフに市立図書館から当時の新聞をマイクロフィルムからコピーし持ち帰るよう依頼したのだが、その時ついでに開戦日の新聞も手に入れようと考え、昭和十六年十二月八日（日付は十二月九日）の新聞もコピーするよう命じた。そして、上記の帝国政府声明に出会ったのである。

著者の第一印象は「やはり声明文を出していたのか」という程度であり、当初はさほど重要視はしなかった。なぜなら、重要視するほどの価値ある〝帝国政府声明〟であれば、陛下の詔書と同様、論文等で多用されて来たはずだからである。重視されてこなかったということは書かれている内容がさほどの内容ではないか、または陛下の詔書と内容が重複するためであると考えたからである。

たとえ期待度は低くても、番組ではその内容を紹介しなくてはならないから、一応番組開始前に内容を把握しようと読み始めた。前半は対支対米英交渉が不調であり、米英からの軍事的脅迫を受け、経済封鎖という戦争行為に等しい抑圧を受けてきたことが書かれていた。そして、中段から行き成り、次の文章が飛び出してきた。

「而して、今次帝国が南方諸地域に対し、新たに行動を起こすのやむを得ざるに至る、なんらその住民に対し敵意を有するものにあらず、只米英の暴政を排除して、東亜を明朗本然の姿に復し、相携えて共栄の楽を分かたんと祈念するに外ならず。帝国は之ら住民が我が真意を諒解し、帝国と共に、東亜の新天地に新たなる発足を期すべきを信じて疑わざるものなり」

解りやすく書き直すと次のようになる。

「そのため、今回帝国は東南アジア地域に武力進攻せざるを得なくなったが、それは決して東南アジア住民に対して敵意を持つからではない。ただ、米英から東南アジア住民に対し加えられてきた暴政を排除し、東南アジアを白人によって植民地化される前の、明白なる本来在るべき姿へ戻し、ともに協力して繁栄することを願うからである。大日本帝国は東南アジアの住民たちがこの戦争目的を了解し、東亜に新たなる政治経済体制の構築を目指し共に行動することを疑わない」

平たく言えば、「アジアを白人植民地から解放して、白人が支配する前の状態に戻す。即ち独立国家とする」と言っているわけである。

ここで、注目すべきはこの〝アジア解放宣言〟において東南アジアの人々を「住民」と表し「国民」とは呼称していないことである。その理由は明白で、当時東南アジアにタイ王国国民以外に「国民」など存在しなかったからである。タイ王国以外の現地住民は「植民地の住民」だったのである。

青天の霹靂とはこのことであろうか。開戦にあたって、アジア解放目的を記した文献は存在しないと、学生運動時代から思い込んできた著者にとって、まるで狐に欺されているかのような感覚であった。なぜなら、学生時代に読んだ保守系雑誌で、ある保守論客が「もしも開戦の詔書に「東亜解放が目的である」と明記されていたならば、戦後の日本人はここまで自虐、敗戦、懺悔の念を抱き、自らを蔑むこともなかったであろう」と語っていたことを覚えていたからである。「なんだ、あったじゃないか」と心の中で叫んだ。

早速著者は、この帝国政府声明について詳細を知りたくなり、ネットで検索した。恐らく、大東亜戦争開戦に当たっての声明文であるから、過去に多くの研究者により引用され、知らなかったのは自分だけだったのかも知れないと考えたからである。しかし、驚いたことに、検索して出てくるのは、シベリア出兵、上海事変など大東亜戦争開戦に較べれば些細な事件に関する帝国政府声明ばかりであった。

現在、〝昭和十六年十二月八日、帝国政府声明〟で検索すると、大量の関連情報が検出されるが、それらのすべては平成二十一年十二月二十四日から投稿を開始した著者のブログと他者による著者のブログの引用結果である。少なくとも著者が発掘した平成二十一年（二〇〇九）初頭の段階では一つも検索されなかった。

この事実から明らかになったこと、それは戦後、日本の研究者、メディアは〝開戦に当たっての帝国政府声明〟の存在に気づかなかった、または、気づいてはいても意図的に引用を避けて来たという事実である。

アジア解放宣言を無視する〝昭和史の語り部〟

平成二十五年の夏、帝国政府声明を再びネット検索にかけてみた。すると、評論家保阪正康氏が『諸君』（二〇〇九年三月号）にて帝国政府声明文について言及されていたことを知った。筆者が政府声明の存在を知ったのと同時期に保阪氏も存在に気づいていたようである。

さすがにメディアでは半藤一利氏とともに〝昭和史の語り部〟と並び称されるだけあって、私が発掘するよりも早く着目していたのかと感心したものである。

〝昭和史の語り部〟が私と同様に帝国政府声明に関心を持ち、その後段に記された「アジア解放宣言」について評論を加え、あの戦争の開戦目的が「植民地の解放であり、人種平等の実現」であったことを高らかに記事内にて歌い上げているのであろうと当然ながら期待した。〝昭和史の語り部〟と言われるほどの名士様が味方につけば、これほど心強いことはない。保阪氏がアジア解放論を唱えれば東京裁判史観の転覆も不可能ではなかろうと歓喜したのであった。

さっそく『諸君』の中古本を取り寄せ、「ナショナリズムの昭和——開戦時の帝国政府声明を読む」を読んでみたが、奇妙なことに〝アジア解放宣言〟に関する記述は一つもなく、米英支との過去の確執や経済封鎖に対する非難を書き記した声明文の前半部分だけを引用し、アジアの解放と大東亜共栄圏の確立を謳った後半部分には触れていないのであった。そして代わりに次の文言が記されていた。

「もし、〝帝国政府声明〟のなかに、たとえば『この戦争の勝敗は問うところではない、われわれは一六世紀以来の西欧帝国主義のアジア支配を断ち切るために歴史的使命をもって起ち上がった』という一節があり、現実に対中国、対南方政策が西欧列強とは一線を引いての連携という対応をとっていたならば、この戦争の歴史的評価はかなり変わったであろう。日本の国民（臣民）に継承している共同体の倫理規範をもってアジアの国々と接する姿勢が、上部構造の国益の中に含まれていたとするなら、歴史は変わったのである。そうならなかったのがナショナリズム喪失の三年八ヶ月（太平洋戦争）だったと、私は指摘しているのである」

この記述内において『この戦争の勝敗は問うところではない、われわれは一六世紀以来の西欧帝国主義のアジア支配を断ち切るために歴史的使命をもって起ち上がった』という一節こそが〝アジア解放宣言〟に当たるはずなのであるが、保阪氏は「そのような記述はなかった」と断言している。

読了後、私はアジア解放記述などなかったとする保阪氏の言わんとしていることを理解できず、何かの間違いであり、私自身の読解力が不足しているのかと考え、何度も何度も読み返した。しかし、やはり氏は「アジア解放宣言など記述されておらず、その結果大東亜戦争は侵略戦争と規定されるようになった」と明確に述べている。

帝国政府声明の後段に書かれた「只米英の暴政を排除して、東亜を明朗本然の姿に復し、相携えて共栄の楽を分かたんと祈念するに外ならず」という文言はその声明が発表されている時点で戦闘が開始されてすでに十時間以上経っている以上、言葉の綾などではなく、実際に軍事力を持って米英を排除すると言っていることにほかならない。

大東亜戦争は人類史を変えた。人種差別と植民地を根絶した大東亜戦争のアジア解放宣言文をなぜ保阪氏は無視したのであろうか。もしも意図的なものであったとするならば、左翼言論人として大日本帝国の英雄化を妨害阻止する目的があったのであろうと勘ぐられてもしかたあるまい。なぜなら日本悪者論を根拠として左翼論壇活動を続けてきた者にとって、日本がアジア解放の英雄であることが明らかになると、自らの過去の言動を全否定することになるからである。

「ないもの（南京虐殺、慰安婦）をあるもの」とし、「あるもの（日本軍によるアジア解放）をないもの」と捏造するのは左翼共産主義者の特技であるが、保阪氏もまた左翼共産主義論壇の重鎮として自己保身せざるを得なかったと理解することもできる。しかし、そのような行動は欺瞞であり、隠蔽である以上、歴史研究者としてあるまじき行動であることは間違いない。

〝昭和史の語り部〟とまで言われる人士が意図的に歴史をねじ曲げるなどということがあり得るだろうか。もしそのような非道がまかり通るならその人士は〝語り部〟どころか、ただの〝キワモノ・酔狂者・作話師・詐欺師〟と蔑まれて当然であろう。保阪氏ほどの業績ある人物がそのようなはずがない。

保阪正康氏によるアジア解放宣言隠蔽は氏が「只米英の暴政を排除して、東亜を明朗本然の姿に復し、相携えて共栄の楽を分かたんと祈念するに外ならず」という語句を単なる開戦に当たっての美辞麗句であり〝リップサービス〟として捉えてしまったことが原因ではなかろうか。

それゆえ彼は、さほど重要なる文言とは考えなかったのである。すなわち、「文章読解力」が不足していたということである。

帝国政府声明という〝植民地解放宣言〟は単なる宣言ではない、それは開戦中に六ヶ国（ミャンマー、フィリピン、自由インド仮政府、ラオス、カンボジア、ベトナム）を独立させ、一ヶ国（インドネシア）に独立宣言を行わせるという実行を伴った宣言であった。アジア侵略のための「建前や言い訳」であったなら二百万余の戦死者を出してまでアジアを独立させる必要などない。独立などさせずに欧米植民地をそのまま横取りすればいいだけである。ましてや現地人に武器と訓練を与えて現地軍を育成することなど植民地経営には百害あって一利なしである。

大東亜解放戦争は世界の植民地主義と人種差別、白人優越主義を一掃し、白人優越主義の牙城たる米国に黒人大統領を誕生せしめた。その根拠たる帝国政府声明を知らずに大東亜解放戦争を語るなどということは、米国の独立宣言書の存在を知らずに米国史を語るほどの愚行である。

第五章　作戦課長稲田正純大佐の陰謀

（初出：『國の防人　第十号』）

稲田正純大佐という豪傑

ここに手書きされた一片の外務省外交機密文書が存在する。日付けは昭和十三年六月二十日、発出された部署名は「第二課」としか記されていない。

文書の表には「極秘　三十部のうち五部」という判が押され、二ページ目（文書番号2042）に次のように書き込まれている。次に示す資料1と2は資料全十八葉のうち冒頭の資料二葉である。

其一　戦争指導に関する根本方針

一、本事変の本質及目的

本事変は消極的には満洲事変の終末戦たると共に積極的には東亜解放の序幕戦たるの意を有し皇国一貫の国是たる道義日本の確立と東洋文化の再建設との為歴史的一段階を劃《かく》すべきものなり。

支那事変について、アジア解放戦争開始の序幕戦とすべきであると言ってのけているのである。

昭和十二年七月七日に発生した盧溝橋事件をきっかけとして支那事変が勃発した。当初、日本側は戦線不拡大方針を採り、幾度も停戦協定を結んだのだが、支那軍による通州日本人虐殺事件（昭和十二年七月二十九日）、上海日本人租界包囲（八月十二日）、上海防衛日本海軍陸戦隊への攻撃（八月十三日）、上海日本人租界への砲爆撃開始などの軍事攻撃により和平への道はことごとく破られてしまった。この事実からして、蔣介石は前々から日本人排斥のもくろみを持っていたと思われる。蔣介石自身にすれば、アヘン戦争で科学力に優れた白人に蹂《じゅう》躙《りん》されたことはやむないとしても、同じアジア人であり、その中華思想から東夷として見下していた日本人が白人様と一緒になって支那の一部を占拠していることは許しがたい屈辱だったのである。

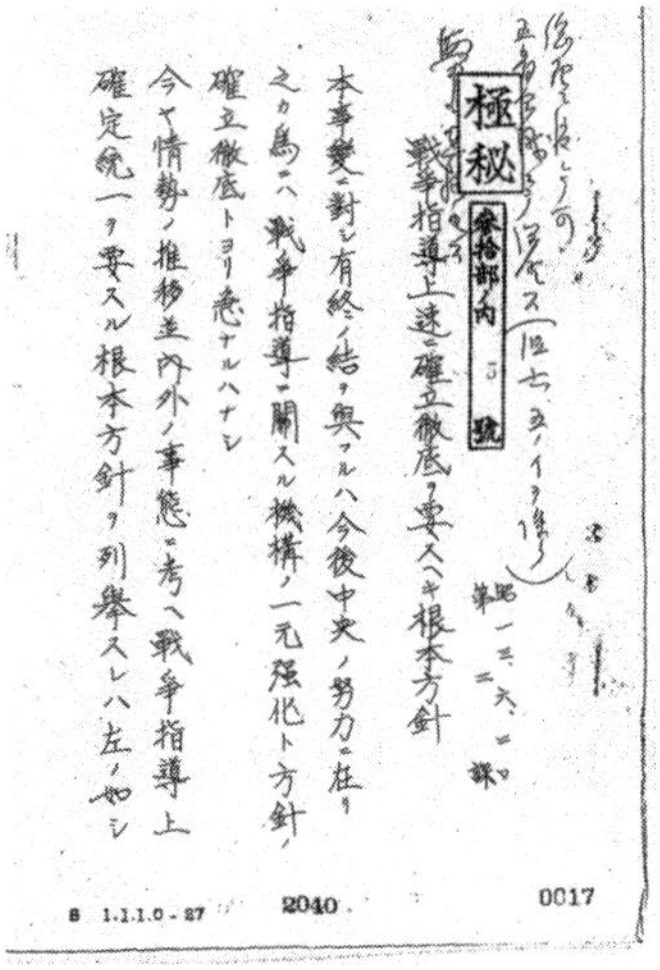
極秘
参拾部ノ内　號
戦争指導上速ニ確立徹底ヲ要スヘキ根本方針
本事變ニ對シ有終ノ結ヲ與フルハ今後中央ノ努力ニ在リ
之カ爲ニハ戦争指導ニ關スル機構ノ一元強化ト方針ノ
確立徹底トヨリ急ナルハナシ
今ヤ情勢ノ推移並内外ノ事態ニ考ヘ戦争指導上
確定統一ヲ要スル根本方針ヲ列擧スレハ左ノ如シ
8 1.1.1.0-27　2040　0017

資料1

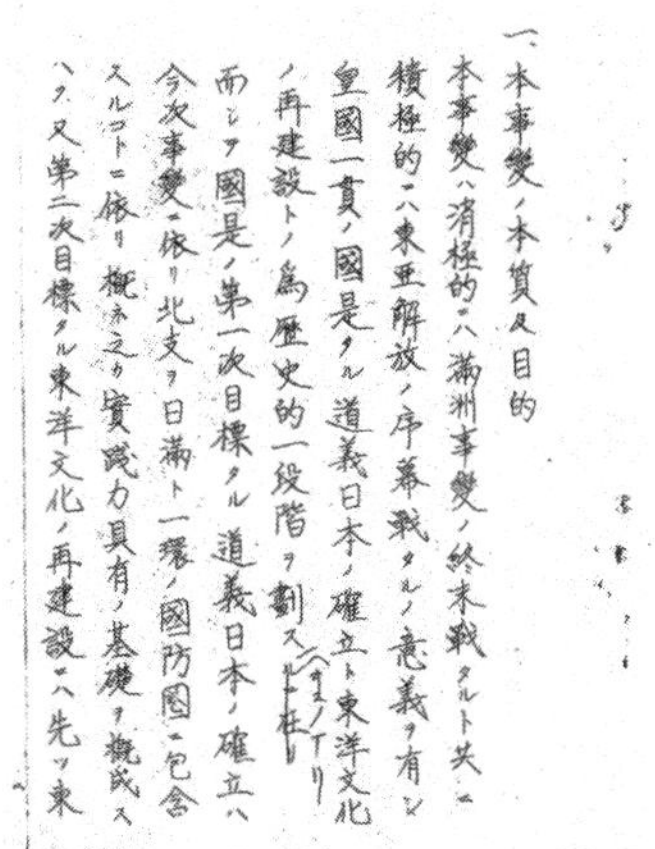
一、本事變ノ本質及目的
本事變ハ消極的ニハ滿州事變ノ終末戦タルト共ニ
積極的ニハ東亜解放ノ序幕戦タルノ意義ヲ有シ
皇國一貫ノ國是タル道義日本ノ確立ト東洋文化
ノ再建設トノ爲歴史的一段階ヲ劃スルニ在リ
而シテ國是ノ第一次目標タル道義日本ノ確立ハ
今次事變ニ依リ北支ヲ日滿ト一環ノ國防圏ニ包含
スルコトニ依リ概ネ之カ實践力具有ノ基礎ヲ概成ス
ヘク又第二次目標タル東洋文化ノ再建設ニハ先ツ東
8 1.1.1.0-27　2042　0018

資料2

また、その屈辱感に米英が乗っかった。蔣介石を焚きつけて日本軍を支那大陸から追い出し、日本が日清戦争、日露戦争、第一次大戦で獲得した利権の横取りを狙っていたのである。日本軍はやむなく武力討伐へ舵を切り、日本人虐殺の首謀者である蔣介石を捕縛するため蔣介石政権の首都である南京を占領したのだが、当の蔣介石は首都陥落前に大陸奥地へ敵前逃亡し、支那事変は泥沼化の様相を呈し始めた。その時期は昭和十三年春頃である。

戦後生まれは、支那事変は日本が支那大陸を植民地化し、利権を獲得するために侵略した侵略戦争であると教えられてきた。東京裁判で満洲事変にはじまる十五年戦争は、大日本帝国による悪しき侵略戦争であると規定されたことがその侵略史観の根底にあることは明らかである。日本共産党と日教組、左翼マスコミ、疑似戦勝国である米国にとって、大日本帝国を悪者にしないと自分たちが悪者にされてしまうから必死であった。原爆使用に対する免罪符を必要としていた疑似戦勝国である米国は大日本帝国を悪魔と規定しなければ、自らが悪魔と規定されてしまうから死に物狂いで〝戦犯国家日本〟を捏ち上げた。

一方、左翼に対する日本既存保守論壇の論調と言えば、当時の日本軍は支那との協定に基づいて合法的に駐留していたのであり侵略ではないが、定見のない近衛内閣と無能な軍部が戦略的対応策を見いだせないままズルズルと引きずりこまれていったという評価であった。

日本人自身の几帳面かつお人好しな民族性からして、ただの物取りに出張っていったとか、

歴代作戦課長

氏名	階級	就任	退任	後職備考
清水規矩	大佐	昭和11年6月19日	昭和11年8月1日	歩兵第73聯隊長
富永恭次	大佐	昭和11年8月1日	昭和12年1月7日	関東軍司令部附
武藤　章	大佐	昭和12年3月1日	昭和12年10月26日	中支那方面軍参謀副長
河邉虎四郎	大佐	昭和12年10月26日	昭和13年3月1日	浜松陸軍飛行学校教
稲田正純	中佐	昭和13年3月1日	昭和14年10月12日	参謀本部附 昭和13年7月15日 大佐昇格
岡田重一	大佐	昭和14年10月12日	昭和15年9月28日	歩兵第78聯隊長
眞田穰一郎	大佐	昭和17年12月14日	昭和18年10月5日	参謀本部第1部長 昭和18年8月2日 少将昇格

資料３

稲田正純

ズルズルと定見なく引きずり込まれていったという保守と左翼の見解に、著者のみならず多くの日本人も違和感を覚えたのではないだろうか。

その結果、大日本帝国による自発的な介入であったという証拠が見いだせないため、支那事変を陰謀したのは当時のアメリカ大統領ルーズベルトだったとか、ルーズベルトを焚きつけたのは実はスターリンだったとか、いや真の黒幕はスターリンを焚きつけたロックフェラーなどという、いわゆる〝連鎖型陰謀論論争〟が賑わう形となったのである。

大日本帝国が主体的に行動したという証拠文献が発掘されていない以上、他国からの唆しという〝陰謀論〟を考えるしか他に手がないという結論なのである。

写真に示す軍人は昭和十三年三月から

陸軍参謀本部第一部第二課長を務めていた稲田正純陸軍大佐（終戦時は陸軍中将）である。筆者はこの人物が上記文献の発出者であると特定した。上記文献の発出日は昭和十三年六月であるから、稲田正純課長の下で作成され、関係省庁に配布されたことは間違いないと判断したのである。

資料3は昭和十一年から十八年までの歴代作戦課長の氏名、階級　就退任時期、後職を示している。

支那事変をアジア全域解放のための口実として積極的に拡大していった

参謀本部作戦部作戦課長は歴代陸軍の生え抜きエリートが抜擢された。生え抜きとは陸軍幼年学校、陸軍士官学校、陸軍大学出身者を言う。

当時、心身ともに優秀なる子弟は陸士か海兵に入り、そこから外れたものが一般大学へ入学する傾向があったと聞いた。作戦課長とはそれほどのエリートだったのである。

盧溝橋事件以降、石原莞爾作戦部長の不拡大方針もあり、現地日本軍は何度か停戦を実行していたが、そのつど蔣介石軍側は停戦を破り、挑発を繰り返していた。そのため、日本軍は武力解決の道を採らざるを得なくなり、不拡大派の石原莞爾作戦部長を更迭すると同時に、喧嘩両成敗なのか部下であった拡大派の武藤章作戦課長も更迭した。そして十二月の南京攻略を経て、戦火はシナ奥地へと拡大していく。

稲田大佐はシナ事変不拡大を唱えた石原莞爾作戦部長と対立した武藤章大佐（東京裁判で有罪判決を受け殉死）の後任の河邉虎四郎大佐のさらに後任として、昭和十三年三月一日作戦課長に就任した。

重慶蔣介石政権の息の根を止めるには援蔣ルートの遮断が必須となるわけであるが、援蔣ルートの遮断とはベトナム、ビルマ、インドの植民地からの解放を意味していた。

大本営は〝東亜解放〟のための口実を得たことになった。

明治維新直後に設立された玄洋社（明治十四年）と日露戦争の勝利以来、以降続々と日本に逃れて来ていたビハリー・ボース（インド）などのアジア独立派が虎視眈々と狙っていた東亜解放のチャンスがやっと巡ってきたのである。そしてそれに必要な軍事力は用意されていた。

一九四一年末における日米の軍事力を比較してみる（ここで留意すべきは米国は太平洋と大西洋の二正面に戦力を振り分けられるため不利に働くということである）。

人員（軍人・軍属）
日本―242万
米国―188万

海軍艦艇
日本―１４８万トン（３８５隻）
米国―１３１万トン（３４１隻）

航空機
日本―４７７２機
米国―１万２２４０機

開戦時の就役主要艦艇数

	戦艦	空母	巡洋艦	駆逐艦	潜水艦	主要戦闘艦艇	合計
日本	10	10	38	１１２	65	２６１隻	約１００万トン
米国	17	7	37	１８０	１０９	３５０隻	約１３８万トン

日本海軍は別に補助艦艇１２９隻約45万トン、特設艦船７００隻１５０万トンを保有していた。

開戦時の海軍航空兵力（日本）

2274機（戦闘機519、爆撃機257、攻撃機955、偵察機439）
太平洋、極東地域にある連合軍機は合計約3600機

GDPを比較すれば大きな差があったことは間違いないが、それは脅威とは考えられなかった。なぜなら日清日露の戦いでも敵国のGDPは日本のそれを大きく凌駕していたからである。超大国であった清国、ロシア帝国に打ち勝ち、第一次大戦に勝利し、有色人種でありながら有色人種の国である満洲国を独立させ、支那事変も連戦連勝だった大日本帝国が極東の米英軍をことのほか恐れていたとは到底考えられないのである。

戦力比較を見る限り帝国陸海軍の装備が米英に劣っているどころか、互角ないし勝っているという当時の現実を見ると、「新参者の米国何するものぞ」という気概が伝わってくる。米国が単独で戦って勝利したのは対メキシコ戦争と対スペイン戦争という二流国家相手の戦争のみであり、英国からの独立戦争以来列強との戦闘経験は第一次大戦以外に持たなかった。なぜそんな国を恐れるのであろうか。

日本軍は米国の軍事力を恐れていたなどというのは、戦後になって米国が自国を強く見せるために捏ち上げたプロパガンダである。上記に示した稲田正純大佐の文書を見る限り、米英を恐れていたなどという様子はどこにも見て取れない。

大日本帝国は支那事変をアジア全域解放のための口実として積極的に拡大していった。軍

と政府の無能から内戦に引き摺り込まれたり、他国の陰謀に騙されたわけではない。確たる軍事的実績のもと維新以来の宿願であった東亜全域における「尊皇攘夷」を実行しただけである。

以下に上記資料の書き起こし文を紹介する。六月二十日に手書きされた草稿は六月二十三日にはタイプ印刷されたようである。そちらの文書から書き写す。

外務省外交資料館より
レファレンスコード
b02030538000より
昭和一三年六月二三日

戦争指導上速に確立徹底を要すべき根本方針

本事変に対し有終の結を与ふるは今後中央の努力に在り。之か為には戦争指導に関する機構の一元強化と方針の確立徹底とより急なるはなし

其一　戦争指導に関する根本方針

一、本事変の本質及目的

本事変は消極的には満洲事変の終末戦たると共に積極的には東亜解放の序幕戦たるの意義を有し皇国一貫の国是たる道義日本の確立と東洋文化の再建設との為歴史的一段階を劃《かく》すべきものなり

而して国是の第一次目標たる道義日本の確立は今次事変に依り北支を日満と一環の国防圏に包含することに依り概ね之が実践力具有の基礎を概成すべく又第二次目標たる東洋文化の再建設には先づ東亜を我皇道を中核とする物心両面の共栄に導き、以て不幸なる欧米依存の状態より解放するを要す。之が為には真日本の顕現、満洲国の善政、日満支の提携竝「ソ」英問題の処理を必要とし「ソ」英問題は一般の情勢上、対「ソ」処理を先決とす。

二、日支関係の根本基調

日支は東洋文化の再建を以て共同の目標とし相互に善隣の関係に置かれるべきものなり。東亜に於いて日本は先覚指導者として又支那は大なる実在として夫々天賦の使命実相を有し相互に尊重せらるべきものなり。

日満支が共同目標に向ひ各々其使命を遂行せんが為には日本は日、満、北支を範域とする強力国防圏の確立を必要とし又支那は欧米依存の状態より脱却して国内の治安開発に邁進するの要あり。而して日本が北支を国防圏として考ふるの程度は共同防衛の見地よりする戦略的考慮の外現地の福利増進を顧念しつつ日本の不足資源を彼地に求むるを以て基準とすべく又支那が国内を開発するの要は日支の間有無相通長短相補以て生産消費、交易の関係を律するに在り。

三、北支及中南支の皇国に対する地位

（イ）北支

河北省及山西省の各北半（概正太線）以北及山東省は資源開発上並軍事上の見地に於いて皇国の自存並日満国力結成即ち道義日本の大局的生存の為絶対不可欠の範域なり従って右範域を政治地理的に包含する最小限度の地域即ち北支五省（黄河以北河南省を含む）は平戦時を通し日満と一環の結合内に置かれるべきものなり。

（ロ）中南支

中南支は上海を除く外、次項第三日支提携一般問題の範疇に於て考定せられるべきものなり

四、本事変の解決に方り確定すべき根本事項（其形式は解決の情勢に依り多少の変化あるべ

し）
第一　北支資源の開発利用
第二　北支及上海に於ける日支強度結合地帯の設定、蒙疆《もうきょう》の対「ソ」特殊地位の設定
第三　日支平等互恵を基調とする日支提携一般問題
（イ）善隣友好
（ロ）共同防衛
（ハ）経済提携

五、全面的に守備の態勢に転移すべき情勢に至る迄に於ける北中支に対する内面指導方針

政務の内面指導は一般に現地政権発達の段階に応せしむるものとす
之が統合調整並統一促進の為中央に一機関を設け東京よりの指導力を一層強化す。当分の間概ね現状を継続するも現地に照応し逐次現地軍政政務指導業務を整理す

其二　戦争指導機構の強化統一に関する措置

本事変以来国家最大の欠陥は戦争指導機構の不統一乃至不活動に在り。今にして之を是正せずんば本事変の成果を逸し更に近き将来に到来すべき歴史的世界転機に一籌《いっちゅう》を輸【おくれをとる】せんことを虞《おそ》るるのみならず事変に続いて我危急存亡の事態発生の懸念すら、なきにあらず。職を中央に奉する者正に猛省の要あり。

即刻強化実現を要すべき要項左の如し
皇道精神の確立徹底
戦争指導の一元化
総動員指導権の確立
経済戦及思想戦の基礎確立

上記文書の後段では事変勃発を積極的に活用し、事変収拾の落としどころを、シナと日本の協力によるアジア全域の解放（東亜の欧米依存からの解放）を目指す合意の締結とすべきであると主張している。

稲田大佐の目論見の一部は二年後に達成された。昭和十五年三月三十日、蔣介石側から汪兆銘が日本側の説得に応じて重慶を脱出し、南京に国民政府を開いたからである。汪兆銘南京政権が日本の側についただけでも対中作戦継続の大義名分が立つわけであるし、蔣介石が日本軍と汪兆銘軍への抵抗を続ける限り、米英による蔣介石への軍事援助を阻止する軍事作戦の発動（援蔣ルート遮断）に大義名分を与えることができる。

以下に援蔣ルートについてウィキペディアから引用する。


援蔣ルートの経路は、日中戦争の開戦から太平洋戦争の終戦まで途中、日本軍によって遮断されたり独ソ戦の開戦によって援助が滞ったものも数えて、4つある。

香港からのルートは、当時イギリスが植民地支配していた香港に陸揚げされた物資を鉄道や珠江の水運を利用して、中国大陸内陸部に運ぶ輸送路だが、1938年10月に広州を日本軍に占領されると遮断された。

仏印ルートは、当時フランスの植民地であったフランス領インドシナ西部のハイフォンに陸揚げされた物資を昆明まで鉄道で輸送するものだったが、1940年のフランスがドイツに敗北し、ヴィシー政権が成立した後に行われた北部仏印進駐により日本軍によって遮断された。

ソ連からのルートは、他のルートと同じく重要なものであったが、1941年に独ソ戦が開始されるとソ連軍はドイツとの戦いに多くの物資を振り分けたために中華民国を支援する余裕はなく、またこのルートを通じた援助を続けることで、同年に日ソ中立条約を結んだ日本を刺激することを恐れたため、物資の供給を取りやめた。

ビルマルートは、新旧2つの陸路と1つの空路があり、当時イギリスが植民地支配していたビルマ（現在のミャンマー）のラングーン（現在のヤンゴン）に陸揚げした物資をラシオ（シャン州北部の町）までイギリスが所有、運営していた鉄道で運び、そこからトラックで雲南省昆明まで運ぶ輸送路（ビルマ公路：Burma Road）が最初の陸路で、日本軍が全ビルマからイギリス軍を放逐し平定した1942年に遮断された後、イギリスとアメリカはインド東部からヒマラヤ山脈を越えての空路（ハンプ：The Hump）に切り替え支援を続けた。

しかし、空輸には限りがある上に、空輸中の事故も多発したため、アメリカが中心となって新しいビルマルートの建設を急ぎ、イギリス領インド帝国のアッサム州レドから昆明まで至る新自動車道路（レド公路：Ledo Road）が北ビルマの日本軍の撤退後の1945年1月に開通する。

無謀な作戦ではなかった

大東亜戦争の開戦時、残る援蔣ルートはビルマルートだけであった。このルートを遮断するには二つの方策が存在した。ビルマ攻略作戦により英国軍をビルマから放逐し、英領植民地ビルマをそのまま横取りするか、ビルマを正式にビルマ国として独立させせるかの二択である。上記資料でも稲田が宣べているとおり、「道義日本の確立」という観点に立てば後者を選択するのが理にかなっているし、皇祖皇統の国是たる「八紘一宇」の理念からも当然の選択であった。

筆者はこの極秘文書を「支那事変＝アジア解放序幕戦論」と名づける。共産党・日教組はまたしても「支那事変＝アジア解放序幕戦論」など建前にすぎず、侵略への言い訳であると非難するであろう。しかしながら、史実は「支那事変＝アジア解放序幕戦論」のとおりに推移し、十二年後の一九四五年前半までにほとんどのマレー半島、ブルネイを除く東南アジア地域は援蔣ルート遮断を目指す現地日本軍によって欧米植民地から独立させられていたのである。建前や言い訳なら現実化する必要などない。現実化された以上、「支那事変＝アジア解放序幕戦論」は建前や言い訳ではなく、真に「大東亜戦争開始の動機」となっていたということである。

一部保守論壇が主張する「日本は支那事変に引きずり込まれた」というのも間違いである。引きずり込まれたどころか、裏づけとなる軍事力と作戦実績を有していたから、自ら全アジア解放実現のために支那事変をわざと拡大させたのである。

無謀な戦いだったなどという論議は戦後になって疑似戦勝国アメリカと左翼共産党マスコミが捏ち上げたプロパガンダである。

無謀であったなどと言うなら、無謀な戦争で開戦中にアジア七ヶ国を独立させたというのであろうか。馬鹿げた論争はいい加減にせよ。大日本帝国陸軍は無謀どころか、緻密かつ確たる作戦計画のもと大東亜戦争を発動し、アジアを解放した。非合法なる残虐兵器である核爆弾が使用されたから、昭和超帝はまだ本土決戦もせず、占領地の殆どを維持し、七ヶ国を独立ないし独立宣言準備を行わせているにもかかわらず、終戦＝終核戦争という名の戦争放棄を決せられたのである。

無謀であったというなら、アジア解放戦争を画策した稲田正純は無謀なる人物であったかというと、そうではない。昭和十八年二月、稲田は南方軍参謀副長として赴任する。そこで稲田はインパール作戦の実施に猛反対して更迭された。猛反対した理由は損失があまりに大きく、実施をすれば、せっかく独立させたビルマ国の維持すら困難になると予見したからである。稲田正純は無謀なる人士ではなく、極めて合理的論理的に作戦を考える軍人だったのである。

インパール作戦の結果は稲田の予想通りとなった。帝国陸軍は大損害を被ったが、敵の英国軍も日本軍と同様に大損害を出していた。そのためビルマの独立はかろうじて維持されていたが、極めて危うい独立維持となってしまった。その結果、昭和二十年三月に起きたアウンサンらによる駐留日本軍への反乱へと繋がる。

米英にとって蔣介石は疫病神であり貧乏神だった

米英が蔣介石に関わって得たものは大英帝国の崩壊、米国領フィリピンの喪失、原爆使用の汚名、支那大陸の共産化と朝鮮戦争・ベトナム戦争の勃発、支那利権の完全喪失、戦後三十年間に及ぶ支那市場の喪失、白人優越主義・植民地主義・奴隷制度の崩壊、米国における黒人解放運動の終結（黒人大統領の誕生）、中近東・アフリカ諸国の完全独立などである。米英が蔣介石に軍事援助を与えず、大日本帝国と汪兆銘南京国民政府に協調していれば上記に列挙した喪失は発生しなかったのである。当時の米英指導部はまことに愚かであったと言うほかない。

蔣介石とは一体何だったのかと問われれば、米英にとっては疫病神かつ貧乏神であったと答えるしかない。

あとがき

ウィキペディアには、一九七五年（昭和五十年）頃、ノモンハン事件を執筆しようと考えていた作家の司馬遼太郎が、文藝春秋の半藤一利とともに稲田のもとを訪れた。事件当時の参謀本部作戦課長であった稲田は、「とにかく悪いのはみんな関東軍だ。現地が言う事を聞かなかったからあんなことになった」「国境線のことは関東軍に任せていた」というような話しかしない。その無責任な態度に司馬遼太郎は、『いくらなんでもあんまりじゃないか。こんな奴が作戦課長だったのかと、心底あきれた』と半藤に語ったという」と記されている。

自虐敗戦小説ばかりを書き込んでいる半藤一利と、大東亜戦争を否定するのみで日露戦争以降の日本の戦争を書こうとしない司馬遼太郎の両人に欠如している歴史観はアジア解放史観である。大東亜戦争は紛れもなくアジア解放戦争であった。だから開戦中にマレー・ブルネイを除く東南アジア（インドを含む）が独立ないし独立宣言を行っていたのである。独立したのは戦後ではない、戦中である。


半藤と司馬のインタビューを受けた稲田はアジア解放目的について語ったはずであるが、反日敗戦論者である半藤も司馬も聞く耳を持たなかったであろうし、何を言っているのかも理解できなかったであろう。

半藤と司馬が稲田をどう非難しようと、稲田の提案が無ければ、アジアもアフリカも米国黒人も白人植民地主義、白人優越主義から解放されることはなかった。いまだに有色人種は白人の植民地奴隷として家畜のように使役されていたであろう。半藤一利も司馬遼太郎も日本国のパスポートをもって独立したアジアアフリカ各国の入国許可（ビザ）をもらって旅をできるのは誰のおかげなのかをよく考えるべきである。歴史に無責任なのは半藤一利と司馬遼太郎である。

第六章　靖国神社に眠る英霊の皆様方へ

（初出：『國の防人　第十一号』）

本日（令和元年八月三日）ここに英霊の皆様方に東亜解放達成及び大日本帝国の戦勝とその役割の終了をご報告申し上げます。

歴史推移

歴史を俯瞰《ふかん》すれば、十七世紀初頭、徳川幕府の開闢とそれに続く我が国の鎖国政策の採用は我が国に二百六十年にわたる平安をもたらした。しかし、その反面、アジアの強国であった日本が鎖国という究極の平和政策を採り続けているのを良いことに、ヨーロッパ白人はアジア諸国を次々に侵略、植民地化を推し進めた。

その結果、東亜住民は欧米白人の奴隷以下に身を落とし、資源の搾取、人種差別政策、民族の分断・断絶、奴隷売買、麻薬被害などに甘んぜざるを得ない状況に追い込まれた。

欧米白人は我々有色人種に対して謂われなき差別を行い、虫けらの如く殺戮を繰り返した。そして、南北米州先住民、オーストラリア先住民を事実上絶滅へと追いやり、絶滅させた先住民の代用労働力としてアフリカ先住民を拉致、米州へ強制連行する間、海上にて半数を投棄殺害、生き残った半数には奴隷労働を強要し、さらに殺戮を繰り返した。

十九世紀中盤、欧米白人はいよいよアジア地域において唯一完全独立を維持していたわが国にも植民地化の触手を伸ばしはじめ、独立の維持と固有の文化歴史をまもるため、わが国は究極の平和政策であった鎖国政策を廃止、明治維新を断行することにより近代国家大日本帝国を誕生せしめ、国家体制の近代化、富国強兵に成功した。その結果、我らが父祖は日清戦争、日露戦争に勝利、白人列強に対し反撃の狼煙をあげた。

一九一七年、ロシア共産革命の成功は我らが祖国に対しさらなる試練を与えることになった。我らが父祖は邪悪なる共産ファシズムから国体および東亜住民を守るため、満洲国を建国、ここを国際共産主義運動への防波堤とすべく王道楽土の建設に邁進したのであるが、有色人種国家たる大日本帝国の興隆に嫉妬した白人国家はアジアの裏切り者蔣介石を手先として、わが国への軍事挑発を繰り返した。ここにいたってわが国は援蔣ルート遮断こそ帝国誕生以来の宿願であった東亜解放の好機と捉え、昭和十六年十二月八日、マレー上陸作戦を敢行、インド太平洋全域において大東亜共栄圏確立のため米英蘭と開戦するにいたった。

帝国陸海軍は東亜全域において白人軍を圧倒、ビルマ、フィリピン、自由インド、ベトナム、カンボジア、ラオスの独立を承認、インドネシアには独立宣言を挙行せしめた。

さらにそれらの地域において、白人軍からの反撃に備えるべく、現地軍を組織化し、軍事訓練を施した。また、教育制度も創設、長期にわたって愚民化政策に甘んぜられてきた現地人に対し、文盲を根絶すべく学校教育を開始した。

斯様なる大東亜共栄圏の具現化により窮地に立たされた白人帝国主義者は太平洋全域で帝国へ反撃に出るも玉砕、特攻に代表される帝国陸海軍の強固なる抵抗に直面、大日本帝国本土進攻を諦めるにいたり、卑怯にも明らかに国際法違反となる残虐極まりない核兵器を使用した。また、ソビエトロシアは日ソ中立条約を一方的に破棄、満洲、北鮮、樺太、千島において姑息にも火事場泥を働くという蛮行を行うにいたった。

原爆使用、条約破りという、なりふり構わぬ白人帝国主義者の悪行に対して、天皇陛下はこやつらを敵とするに値しない蛮族であると判断し、戦争の終結をご決断。白人帝国主義に対して負けてもいないのに、表向き降伏という形をとり、核兵器を事実上使えない兵器とした。

英霊へご報告

一　アジア各国の独立

白人たちは大日本帝国の降伏に小躍りし、勝利したものと思い込み、再びアジアを植民地にすべく帝国陸海軍が撤退した後のアジアに宗主国として舞い戻って来ました。しかし、そこに待ち構えていたのは、以前では考えられなかった、よく訓練された現地独立維持軍と、それを指揮する残留日本義勇兵でした。

白人帝国主義者は大戦前と同じように武力を持って高飛車に出れば、アジア人は白人に平伏するものと舐めきっていたのですが、残留日本兵によって訓練された現地独立軍は大日本帝国陸海軍が譲渡した武器を使用して強固に抵抗、戦争中に日本軍から与えられた独立を維持するための独立維持戦争に勝利しました。

アジアの独立に呼応して、アフリカにおいても独立戦争が各地で勃発、アフリカの白人植民地も次々に独立を果たしました。開戦に当たっての帝国政府声明文に書かれているように、大東亜戦争の主目的であった「東亜から米英の暴政を廃し、本然明朗たるアジアに復する」ことが実現したのであります。

一　大東亜共栄圏の実現

独立したアジア各国は、戦前大日本帝国が白人の顔色を窺わなくては手に入れることができなかった資源を日本国に供給し、日本製の製品を買ってくれることになりました。そして日本もアジア、アフリカへ膨大な経済技術援助を行いました。その結果、日本は脅威的な経済発展を遂げ、世界二位の経済大国となっています。

アジア各国も豊富な資源を白人に搾取されることがなくなり、日本と同様に経済発展を成し遂げ、今や世界の経済中心はアジアへと移行しています。すなわち、大東亜戦争の主目的であった大東亜共栄圏が確立されたのであります。

大東亜戦争の開戦目的のほとんどが達成されました。そして、白人国家はすべての植民地を失いました。イギリス、フランス、オランダは欧州の弱小国家へ転落しました。米国では人種差別が崩壊、黒人が大統領に就任しました。米国においても有色人種は平等を勝ちとりました。これらはすべて英霊の皆様方の犠牲のおかげであります。

一 帝国の目的完遂

大日本帝国はその誕生目的である東亜の解放を成し遂げると、まるで桜花《さくらばな》のごとく散華し、一生を終えました。

その桜吹雪は、あまねく東亜の大地を吹き流れ、アジアだけでなくアフリカまでを解放という花で覆い尽くしたのです。

その桜吹雪が止んだとき、世界は自由と平等に溢れていました。大日本帝国という桜花は、忌まわしき核兵器を使えない兵器としてその寿命を終えました。大日本帝国こそ大なる英霊であります。

私たち札幌学派は、東亜解放達成と大東亜戦争での戦勝を英霊の皆様方にご報告申し上げると同時に、戦後七十四年にわたって、英霊の皆様方のご功績に対して正当な評価をしてこなかったことを国民に代わりお詫び申し上げます。

令和元年　皇紀二千六百七十九年　八月三日

札幌学派　代表　安濃豊

※本章は靖国神社昇殿参拝時（令和元年八月三日）の祭文奏上を再構成したものです。

第七章　大東亜戦争戦勝解放論

（初出：『國の防人　第十二号』）

日本は焦土になったのか？

私が二十六歳か七歳のときに開発した技術が、東京ドームの屋根の雪対策として使われました。その技術はアメリカにはなかったので、三十四歳のときに呼ばれて、アメリカ陸軍の寒冷地研究所に行きました。そこで風洞装置をつくって帰国しました。

そのときの様子は『哀愁のニューイングランド』（展転社）という小説として書きました。

渡米してアメリカは人種差別の国だということがわかりました。残留することを勧められたのですが、こんなところで子供は育てられないと思い、帰国したのです。

職場に人種差別防止委員会事務所がありました。そこが私に「お前は差別されているから、私たちに訴えたら何とかしてやる」と言ってきたので、私は「助けはいらない」と言い返しました。すると「あなたはアメリカのために差別と戦いなさい」と言うのです。だから「アメリカのために戦うなら日本に帰国して戦う」と言って、帰ってきました。

今日は、前半に我々が戦後教えられてきた大東亜戦争の真実は捏造であるということを話します。これは科学的な態度、つまりデータ分析から出てくる結論です。その後、大東亜戦争とは一体何だったのか、なぜ戦勝国は日本という結論になるか、ということに踏み込んでいきたいと思います。

よく、「日本は焦土になった、日本は焼け野原になった」と言われます。しかし、何パーセントが焼けたら、焦土、焼け野原なのでしょうか。私が住む北海道は焼け野原になっておりません。

そこで調べてみると、二百都市が爆撃されていました。しかし、B29による絨毯《じゅうたん》爆撃、そして原爆による爆撃などはそれほど多くありません。米軍の艦載機が爆弾を落として帰っていくという爆撃がほとんどだったのです。艦載機は、爆弾を積んだまま着艦するのは極めて危険です。だから、どうせ落とすなら海ではなくて、どこかの街に落とそうとなります。

日本には四十七都道府県がありますので、一都道府県当たり四都市が爆撃されたことになります。では、日本には一県に四つしか街がないのでしょうか。日本本土の五倍もの爆弾が投下されたベトナムでさえ、焼け野原になっておりません。

五十パーセント消失したら焦土なのか、百パーセント消失で焦土なのか、定量的な計算がまったくなされていません。

調べてみますと、四キロ×六キロが更地になったみたいです。二十四平方キロです。東京二十三区の三パーセント、東京都の一パーセントです。

この数字で、東京都全域が焼け野原になったということになるのでしょうか。焼け野原になっているのに、なぜ電車が走っていたのですか、なぜ首都機能を失ってないのですか。敗戦ヒステリーのなかで科学的根拠のないデタラメな話がまかり通っているのです。日本は焼け野原にはなっておりません。

粗末だったソ連海軍

戦後の日本人が常識と思っている嘘はまだあります。「終戦時の帝国陸軍は無力化されていて抵抗力がなく、軍部は国民に竹槍《たけやり》で突撃せよと教えていた」と言われています。しかし、陸軍はそんなに弱かったのでしょうか。それでは占守島《しゅむしゅとう》の戦いはどう説明するのでしょうか。ソ連軍が攻めてきたけど、占守島では日本軍が徹底的に抵抗して、海岸線から追い落とそうとしたときに停戦命令があったから、戦闘を中止したのです。この一点だけでも、終戦時の日本軍は抵抗力がない軍隊だったというのは嘘だとわかります。

そうしないと困る者がいるのです。それは日本共産党であり、日教組であり、アメリカ合衆国です。日本共産党はご主人様のソ連を強く見せたいがために、捏造したのです。

さらに、まだあります。「北海道はソ連に占領されるはずだった」も嘘です。

ソ連には船がありませんでした。対ドイツ戦で、鉄は全部戦車の製造に使ってしまったのです。戦争中、ソ連は船をつくらなかったどころか、スクラップにして戦車をつくりました。ウラジオストックの軍港にあったソ連極東艦隊は、古い巡洋艦が二隻で一隻は動きません。駆逐艦は三隻で、それも動くかどうかわからないものでした。

乗組員の水兵は暇だから、船長ともども朝からウォッカを呑んで酔っているという状態です。ソ連軍は船がないのに、どうやって占守島に上陸してきたのでしょうか。昭和二十年二月、ソ連はアメリカ軍から数隻の船を借りて、アラスカで軍事訓練を行いました。

終戦近くになると、彼らは突然、火事場泥棒を働くために攻めてきたのです。しかし、ソ連兵の訓練期間はわずか四ヶ月しかありませんでした。通常、海軍の水兵は全員が技術者なのです。エンジンが壊れたら、船内で修理します。陸軍の歩兵の場合は、スターリングラードの戦いみたいに、入隊して三日の兵隊に鉄砲持たせて突撃させることができますが、海軍や空軍はそのようなわけにはいきません。

ソ連は、アメリカからコルベット艦という小さな駆逐艦と上陸用舟艇を借りたのですが、ソ連の指揮官は欲張りすぎました。兵隊、武器、弾薬を積みすぎたため喫水が下がり、占守島の海岸に到達する前に座礁してしまいました。ソ連の指揮官は、このまま帰ったら共産党の政治将校に射殺されますから、兵隊に海に飛び込み泳いでいくことを強要したのです。兵隊は飛び込みました。しかし、二十キロ、三十キロの装備を持っているので、泳ぐことなどできません。占守島では三千人のソ連兵が戦死していますが、半数が溺死です。

それを丘から見ていた日本兵は、ソ連兵は何をやっているのだろうと思ったのです。兵が飛び込んだことにより、船は軽くなって喫水が上がり、砂浜までたどり着くことができました。

ソ連には、占守島を占領するだけの海軍力はありません。その海軍力で、旭川第七師団が守る北海道を占領することなどできません。

終戦時に生き残っていた日本の海軍はソ連軍を全滅させることができたと思います。しかし、北海道が占領されるところを、天皇陛下が止めたとか、マッカーサーが止めたと言われていますが、ソ連軍は船がないので、そもそも上陸することができなかったのです。

「北海道はソ連に占領されるはずだった」は、日本共産党が親方であるソ連軍を強く見せるためにでっち上げた嘘なのです。戦後、ソ連を強く見せろという指令がきていたのです。

それから、樺太からの引き揚げ時、引き揚げ船が三艘、日本海でソ連の砲雷撃を受けて沈められました。

日本の輸送艦は十二・七センチの大砲を積んでいました。

もちろん、日本の船は反撃しました。その反撃した大砲の弾が当たり、ソ連の潜水艦二隻のうち一隻が沈没し、行方不明になりました。もう一隻は、浮上したまま、命からがらウラジオストックにたどり着いています。

いくらアメリカ海軍に敗れた日本海軍の生き残りとはいえ、ソ連軍は日本海軍に立ち向かうことなどできません。魚雷挺もアメリカ海軍がソ連に供与したものです。その魚雷挺でソ連兵は攻めてきたのですが、ことごとく座礁して、動けなくなりました。海図なんてつくっていなかったのです。

日本海軍は米軍の上陸作戦を見ていました。米軍に比べたら、ソ連軍など子供の遊びに見えたはずです。ソ連軍は勝手に沈みますし、魚雷挺が来たと思ったら座礁しているのです。

だから、北海道が占領されそうになったという話は、物理的に不可能です。占守島の戦いで、北海道占領は無理だと思ったスターリンは、満洲にいる六十万の日本兵を捕虜にして、奴隷にすればいいと考えたのです。

もう一つ、捏造を紹介します。「戦後冷戦を予測したトルーマンが、ソ連を威嚇するために原爆を使用した」と言われています。これも捏造です。あのとき、冷戦など誰も考えていません。チャーチルでさえ、冷戦になるなどとは思っていなかったのです。

ソ連を威嚇するためなら、広島や長崎ではなく、樺太の国境付近に落とした方が効果があります。ソ連を威嚇するために原爆を使用したという資料はないはずです。これも、ソ連軍を強く見せろというモスクワからの指令で、日本共産党が捏造したのです。

B29乗組員はカーチス・ルメイ将軍を憎んだ

「B29は無敵だった」も嘘です。航空宇宙工学で火星表面の砂嵐の研究をするため、私はアメリカのアイオワ州立大学に三ヶ月滞在したことあります。そのときの教授がアイバーセンという人でした。地下室は博物館みたいになっていて、飛行機のエンジンなどが置いてありました。そのなかに、B29のプロペラがありました。立派なプロペラです。ピカピカのジュラルミンでできていて、さすがアメリカだと思いました。

アイバーセン教授とＢ29の話をしました。「当時のアメリカの加工精度、工業力はすばらしかったことが、あのプロペラを見ただけでわかります」と言うと、「Ｂ29には、あまりいい思い出がない」と答えます。「どうして？」と訊ねてみると、「兄はＢ29に乗って、日本爆撃に何回も行った人で、よく生きて帰ってこれた」と言っていました。その兄は「特攻機がぶつかってくるので、日本上空に近づくのが恐ろしくて仕方なかった」「隣の飛行機が特攻機に撃墜されて、途中で爆発、四散してしまった」「行く度に何機かやられる」と言っていたらしいです。

一機に約十一人乗っていますから、一回の爆撃で八、九機が撃墜されると約百人が死亡します。損傷だけだったとしても、サイパンに帰るのに二千キロですから、海の上で墜落してしまいます。しかもＢ29のエンジンは未完成だったのでエンジン故障が多く、出撃する度に新品のエンジンに交換したらしい。

このように、アイバーセン教授の兄は、日本の上空に入るのが恐ろしかったと言って、生き残って帰国できたことに感謝していました。

先日チェスター・マーシャル著、高木晃治翻訳の『Ｂ―29日本爆撃30回の実録』（ネコパブリッシング）という本を読みました。Ｂ29の乗組員たちが書いた本です。東京空襲三月十日、Ｂ29の乗組員たちはパラシュートで脱出することは諦めていたらしい。脱出しても火事場の上に落下するわけですから、死ぬに決まっているからです。しかも、死体が焼ける匂いが操縦席まで入ってきていた。高度千メートルとか二千メートルですから、地上からは日本軍の高射砲で狙い撃ちです。

乗組員は「高空爆撃から低空爆撃に切り替えたカーチス・ルメイを恨んだ」と書いてありました。高空爆撃だと一万メートルからの爆撃です。日本の上空は時速二百キロの偏西風が常に吹いていますから、爆弾を落としても当たらないそうです。そこでルメイは低空からの夜間爆撃に切り替えたのです。

また、パラシュートで地上に降りても戦犯として処刑されるから、とにかく日本の陸地にパラシュート降下するなと言われていたみたいです。ということは、一般市民の虐殺は国際法違反だということを知っていたということです。だから、B29が無敵だったというのも捏造です。

日本ではB29は今の旅客機みたいに与圧装置があり、機内はエアコンで快適な環境に保たれていると言われています。しかし、当時のB29搭乗員の手記を見ますと、「与圧装置は迷惑だ。日本軍機が特攻で体当たりしてくる」と書いてあります。

よく映画で、「ぶわーっ」と空気が出て飛ばされるシーンがありますが、それが与圧で起きるそうです。機内はあっという間にマイナス五十度になり、気圧も急激に落ちてしまうのです。だから、与圧を切って、酸素マスクをして防寒服を来ていた搭乗員もいたそうです。

戦後の日本では、日本の技術では与圧装置をつくることができなかったので、アメリカの技術力はすごいと褒めているのですが、搭乗員は迷惑していたのです。

二千九百機も生産したのですが、終戦までに七百機が損傷しています。日本による対空砲火、戦闘機による撃墜、それと故障による損失です。日本はB29に負けたというのも嘘です。

太平洋の戦いは消耗戦

まだあります。「日本は太平洋戦争で負けた、アメリカ軍に惨敗した」と言っていますが、データを調べれば、これも嘘だとわかります。

日本陸軍が太平洋に展開した部隊数は、沖縄と硫黄島を含めてもたった二十七万人です。フィリピンは、独立維持の戦争で五十万人でした。総兵力七百万のうち、南の島々はたった二十七万だったのです。支那大陸が百万以上、満洲が六十万、インドネシア二十九万、ベトナム十一万、ビルマは三十数万です。桁が違うのです。

帝国陸軍にとって太平洋の戦いは、アメリカ軍を太平洋にひきつけ、止《とど》めさせるための消耗戦だったということです。だから、太平洋で勝ってはいけなかったのです。

太平洋の島々で簡単に勝ってしまうと、アメリカ軍は太平洋をあきらめて、大西洋を渡ってインド洋からインドへ上陸してくることになります。すると、ビルマやインドの独立ができなくなるのです。

昭和十九年十一月の大本営の作戦計画に「太平洋の戦いは消耗戦とし、敵を止《とど》める、その間、大陸アジアの独立を確固たるものにする」と書いてあります。アメリカ軍が硫黄島で勝利して喜んでいた昭和二十年三月、大陸ではベトナム、カンボジア、ラオスのインドシナ三国が、日本軍の協力によって独立しています。連合国は硫黄島で戦っている間にインドシナ三国を失っています。

アメリカがガダルカナルでの戦いに勝利して騒いでいた昭和十八年、大陸では昭和十八年八月一日にバーモウ政権が誕生し、ビルマがイギリスに対して独立宣言をしています。日本をはじめとする枢軸国側はただちに国家承認。十月十四日にフィリピン第二共和国が独立、十月二十四日にチャンドラ・ボースの自由インド仮政府が独立しました。太平洋で戦っている間に、東亜大陸では大英帝国が崩壊していくのです。

保守論壇では、大東亜戦争という名称だとアジア解放戦争という側面が出てくるから「太平洋戦争」に名前を切り替えられたと言います。しかし、理由はそれだけではありません。アメリカの勝ち戦は太平洋にしかなかったのです。太平洋の島々は、大日本帝国にとっては大東亜共栄圏の対象ではありませんでした。

共産党や日教組は「日本兵は餓死した、病死した、悲惨だった」と言います。しかし、日本の戦国時代を見ると、戦で餓死や病死することは当たり前のことでした。太平洋での戦いは、米軍を引きつけるための戦いですから、とにかく長引かせる、消耗する必要があったのです。大本営は太平洋の島々に配置した兵隊が生きて帰ってくるとは思ってなかったと思いますし、配置された部隊も思っていなかったと思います。

私はアメリカ陸軍にいましたが、アメリカ軍はそれほど強くありません。太平洋の小さな島を確保するのに三年八ヶ月もかかっています。たった二十七万の日本兵に対して約百十五万のアメリカ軍が襲ってきたのです。そして、三年八ヶ月の間に、アジアの国々は独立させられたのです。

アジア諸国を独立させた日本

また、「アジアの国々は戦後に独立した」と思っている人も多いのですが、そうしないと共産党とGHQが困るのです。彼らは、アジアは日本軍による侵略から解放されて、侵略されるのはもう嫌だと言って目が覚めて独立したと言っています。

ところが実際は、昭和十八年八月一日のビルマ独立をはじめとして、昭和二十年三月までに六ヶ国が独立しているのです。八月十五日の終戦宣言後の八月十七日にはインドネシアが独立宣言をしています。当時はまだ日本軍の統治下です。七ヶ国が戦争中に独立ないし独立宣言をしているわけです。

戦争中に独立したとなると、日本軍は解放軍であり、独立支援軍になるわけです。侵略軍にはならないのです。

独立させた軍隊がなぜ侵略軍になるのですか。独立させることが侵略であるならば、世界史上最大の侵略者はジョージ・ワシントンです。イギリスの植民地を独立させたのですから。なぜアメリカの独立は正しい独立で、日本が東南アジアを独立させたことは侵略になるのですか。これもトリックなのです。

東南アジアを占領した日本軍は、ただちに現地軍の育成に取り組みました。武器、弾薬を与え、軍事訓練を行ったのです。侵略軍が現地軍に武器、弾薬を与えて軍事訓練をするはずがありません。すべて、日本軍を悪者にするためのプロパガンダです。

有色人種が有色人種の国を独立させた例は満洲国です。日本が満洲国を独立させたことで、白人国家は大変な脅威を持ちました。そのうち、日本人は東南アジアを独立させるのではないかと危惧したのです。その危惧は昭和十六年十二月八日に現実となりました。

「日本は自存自衛のために戦ったのであり、アジア解放は言い訳でありこじつけだ」と言う人もいます。

昭和十六年十二月八日の夜、内閣情報局次長の奥村さんがラジオ放送で「自存自衛は東南アジア解放と同一、アジアを解放しない限り日本の自立はない」と言っています。

イギリスが日本に武力行使する場合、その拠点はシンガポールと香港になります。アメリカはフィリピンの米軍基地から日本に侵攻することになります。すなわち、東南アジアにある米英の軍事拠点をつぶさないと、日本の自存自衛はできなかったのです。ですから、植民地を解放しようということになるのです。

米英は日本にＡＢＣＤ包囲網という経済封鎖を行いました。しかし、帝国は無抵抗ではありませんでした。逆に経済封鎖してしまえと考えたのです。それが植民地の独立でした。経済封鎖は一時的ですが、独立は永久的です。

大東亜戦争によってアジアの国々が独立するということは、英仏蘭にとっては永久にＧＤＰが激減することを意味します。

オランダのＧＤＰの六十五パーセントがインドネシアでした。それを失ったのです。今では風車とチューリップの観光立国になりました。

大英帝国のＧＤＰの三十五パーセントはインドです。イギリスはインドを失いました。今ではＥＵから離脱するかどうか揉めていますが、大英帝国のときにこのような姿はなかったのです。ＥＵ自体が、植民地を失った結果、それまでは戦争ばかりだったヨーロッパ各国がお互いに助け合おうとなったのです。それがＥＵになるのです。ＥＵをつくらせたのは大日本帝国なのです。植民地を有したままなら、彼らは絶対にＥＵをつくりません。

核戦争を止めるための降伏

「原爆投下によって日本は敗北した」とか、「ソ連の参戦が敗戦を決定づけた」とか言われますが、これもおかしい。私は昭和天皇を昭和超帝と呼んでいます。明治天皇を大帝と呼ぶならば、昭和天皇は超帝です。大東亜戦争を発動することによって世界に人種平等を創設し、植民地主義を崩壊させ、白人優越主義を完膚なきまでに粉砕しました。そして、黒人のアメリカ大統領を誕生させるきっかけをつくったからです。

ドイツでは、ベルリン以外が占領された状態になってはじめて降伏しました。これが敗戦です。日本は占領地を占領していたのに、なぜ降伏したのか。それは終戦の詔書に書いてあります。残虐なる兵器を使用する戦争を継続したならば、大和民族が滅びるだけではなく全人類文明が破滅するから戦争をやめると書いてあるのです。つまり、核戦争を止めるための終戦だったのです。だから正確に言うと、終核戦争なのです。

「陛下が終戦を決断した理由は、ソ連の参戦だ」と言われます。これもソ連を強く見せるための捏造です。時系列的に合いません。

昭和天皇がポツダム宣言受諾を命じたのは八月八日午後四時四十五分です。午後四時四十五分に東郷外務大臣が宮中に参内して、広島へ原子爆弾が投下されたことを報告をしました。昭和天皇は即座に、そういう兵器が使われるようになった以上、戦争の継続は不可となったゆえ、ただちにポツダム宣言の受諾を伝えよと命じたのです。

ソ連軍の参戦は八月九日午前零時で、陛下がそれを知ったのは八月九日午前九時でした。

陛下がポツダム宣言受諾を東郷外務大臣に命じた時点では、ソ連軍はまだ参戦していません。時系列的に、ソ連軍の参戦を理由として終戦を決めることはできません。ソ連参戦が決定的原因だったということにすれば、ソ連が強そうに見えるから、戦後に捏造されたのです。

竹槍で勝つ戦法

また、「竹槍で戦って勝てるはずがない」とも言われています。

昭和二十年三月、大本営は報告書を出しています。本土上陸は間違いなく勝つ。上陸してきてもその規模は第一次が十五万、その根拠はノルマンディー上陸作戦です。アメリカの海軍力をもってしても、第一波で上陸できるのは十五万だとしています。九州や九十九里に上陸してきた場合、近隣には日本軍が数十万いて、さらに国民義勇隊が一千万ほどいる。十五万で勝てるわけがありません。ノルマンディーでは、フランス人が協力したから上陸できたが、日本人が米軍に協力することはありません。

十五万人が上陸してきたとします。数百万人の茨城県民、千葉県民が竹槍を持って突撃したら、数十万人は殺せるでしょうが、米軍はそこで弾丸が尽きます。残り数十万の日本人が竹槍で突撃すると勝つことができるのです。当時の日本には、そのような気構えがあったのです。竹槍で突撃して勝てるのです。

当時の日本人は、天皇陛下のために死ぬことが至福であって、自分が生きのびることが至福ではなかったのです。アメリカ兵は生きて故郷に帰ろうとしますが、日本兵は侍ですから、生きて帰るのは恥だと思っていたのです。どちらが強いかは明らかです。

南洋諸島に布陣した日本兵はたった二十七万人です。そこに百十五万の米軍が上陸して包囲戦をやりましたが、三年八ヶ月もかかりました。その間に東南アジアを独立させたのです。大英帝国は崩壊しました。

共産党は、大日本帝国がアジア解放の英雄だと困るのです。大日本帝国がアジア解放の英雄になると、米英などの連合国や日本共産党は悪党になるからです。すると、東京裁判が成り立ちません。だから、日本を悪党にしたいのです。特にアメリカは、原爆投下の免罪符が欲しいのです。

先日、トランプ大統領は民主党が嫌いみたいなので、フェイスブックのコメント欄に「トランプさん、アメリカ人はユダヤ人を虐殺したナチスを禁止しているのに、原爆を落としたアメリカ民主党をなぜ禁止しないのか。私はそこが理解できない」と書き込みました。

残念なのは保守のなかにも日教組洗脳を受けたままの人がいることです。小学生の頃から日教組に洗脳されると、大人になって保守になっても洗脳が抜けないのです。彼らは「日本は侵略戦争をしたけれども、イギリスもやっていた。なぜ日本だけダメなんだ。一度悪いことしただけでなぜここまで言われなければならない」と言うのです。彼らは先入観が抜けないのです。

私は彼らを「日教組洗脳済み保守」と名づけました。

陛下のおことばは憲法よりも上

私は、平成の天皇陛下が「あの戦争は間違った戦争だった」とおっしゃったので、天皇陛下万歳と死んでいった英霊が浮かばれないと思ったのですが、陛下は最後にすごいどんでん返しをしてくれました。

それは、譲位です。憲法に上皇という言葉も、生前退位とか譲位ということも書かれておりませんので、これはすごい意味を持っています。

私は、これで憲法改正は必要ないと確信いたしました。日本が危機に陥ったとき、天皇陛下が一言「憲法は憲法として、とりあえずみんなで戦いましょう」と言えばいいのです。憲法より陛下のおことばの方が上なのです。それが明らかになったのです。これは、明治憲法の時代と何も変わっていないということです。

明治時代も、天皇は憲法の上にいらっしゃいました。憲法は天皇陛下から下賜されたものですから。私は自信を持って、陛下がＮＨＫに登場して「憲法はなかったことにしよう」と言えば、皆「そうしましょう」となると思います。

それまで、私は「安倍さん、憲法改正がんばれ」と言っていたのですが、上皇陛下のおことばから譲位が実現したことから、陛下の一言で日本人は右にも左にも向くし、死地にも赴くことがわかりました。憲法改正なんていらないのです。

アメリカは戦勝国ではない

アメリカは疑似戦勝国です。アメリカが戦争で獲得したのは、太平洋のいくつかの小島と、約二十万人と言われる死者、大陸の共産化、そして原爆使用というアメリカの建国理念の破壊です。アメリカは日本に民主主義を教えたと言っていますが、日本は明治の時代から議会制民主主義だったのです。

このアメリカのどこが戦勝国なのでしょうか。アメリカの民主党は、原爆投下が日本の降伏を早めて、多くの日本人の命を救ってあげたと言っています。しかし、日本は救ってくれと頼んでなどいません。当時の日本人はなぜ死なせてくれなかったと思っていたのです。天皇陛下万歳と叫んで死ぬのが日本人の幸福であり、敗軍の将のまま生きるのは恥なのです。これが侍なのです。日本人の命を救ったのではなく、実はアメリカ兵の命を救っただけです。

実は、ベトナム戦争と朝鮮戦争でのアメリカ兵の犠牲者は、原爆の犠牲者なのです。広島に原爆が投下された二日後の八月八日、昭和超帝は、これは国際法違反の殺戮であり、もう外交手段としての戦争ではないとして、ポツダム宣言受諾を命じました。その結果、あっという間に日本軍は武装解除して引き揚げました。そこに軍事的空白ができたのですが、そこを埋め合わせする自由主義側の勢力がありませんでした。日本軍が引き揚げた後の軍事空白を埋めたのは、地理的に最も近いソ連と中国共産党だったわけです。

沖縄のアメリカ軍がいたと思うかもしれませんが、米軍は沖縄で足止めになっていました。神風特攻により四百隻も沈められたので、兵を運ぶ船がなかったのです。米軍は日本本土上陸もできなかった。それは神風特攻によって五十六隻が撃沈されたからです。三百五十艘が損傷、戦域離脱です。千二百艘あったアメリカの戦闘艦艇、駆逐艦は、沖縄戦が終わった段階では八百艘に減っていました。「神風特攻は無駄死にだった、何の効力もなかった」というのも嘘です。日本本土上陸作戦を行うための船がなくなったのです。

日本の飛行機は一万機以上も温存していました。二千機で四百艘以上の船を撃沈したので、単純に計算すれば一万機の特攻機で二千艘の船を撃沈ないし損傷を与えることができることになります。しかも、九州の鹿屋から沖縄までの距離は六百キロです。十分時間があるので、アメリカ軍はその間に迎撃することができました。

ところが、日本本土上陸となると、アメリカ艦艇は九十九里の沖合わずか数キロから数十キロにいます。わずか十キロの距離を時速三百キロでアメリカの船に突撃するとわずか数分なので、撃墜する時間がないのです。

戦後の米軍戦略爆撃調査団の調査結果では、日本軍には一万五千六百機も残っていて、それぞれ五回出撃できるだけの燃料も保存してあったとしています。アメリカは無謀なことをしません。沖縄では民間人まで襲ってきたので、九州に上陸したらもっと多くの民間人が襲ってくると考えるのです。

一万機といっても練習機ばかりだろうと思うかもしれませんが、九州沖で練習機二機がアメリカの駆逐艦を撃沈しています。練習機は木製ですからレーダーに映らないのです。レーダーに映る金属はエンジン部分だけで、目の前に来るまでレーダーに映らない。近接信管は飛行機に近づいたら爆発するように設計されていますが、想定している速度は四百から六百キロなので、二百キロで来られたらタイミングが合わないのです。そのような状態で上陸したら、アメリカ海軍は全滅するから、上陸計画は立てたのですが、上陸しなかったのです。

日本軍は本土上陸戦が本番だ、七千万の部隊が待ち構えているという放送を流していました。そのようなとき、アメリカでは原爆が完成したので、試しに使ってみたのです。すると、昭和超帝がこのような残虐兵器を使うのは戦争ではないから、もう戦争はやめようとおっしゃったので、やめたのです。

植民地と人種差別を解放した大日本帝国

アメリカはいくつかの小島を得ただけで、植民地のフィリピンは独立させられたのです。インドネシアの独立軍は日本軍の武器、弾薬の半分以上を確保したと言います。それで四年間のインドネシア独立戦争を戦って、オランダに勝利いたしました。アジア各地には日本兵が残って戦いました。それは、アジアを独立するために出征したからです。

日本軍が大陸から引き揚げたことにより、そこに軍事空白が生じました。アメリカ軍はその空白を埋め合わせる戦力がありませんでした。そこにソ連軍と中国共産党が入り、大陸を支配したのです。その結果、朝鮮戦争とベトナム戦争がはじまることになります。

中国大陸が共産化したことが朝鮮戦争とベトナム戦争の発端なのです。なぜ共産化したのか。それは広島への原爆投下です。あのとき、日本が提案していた和平をアメリカが採用していれば、アメリカが原爆を使う必要もなかったし、日本軍が大陸から撤退することもなかったのです。アメリカ人はこのことに気がついていません。

だから私はオバマのブログに「ベトナム戦争で死んだ十万人は広島原爆の犠牲者だ」と英語で書き込みました。朝鮮戦争でも十万人近くのアメリカ人が死んでいます。ベトナム戦争を民族独立戦争として規定しなかったから、アメリカはベトナム戦争に深入りしてしまった。

なぜ、共産主義の侵略であり、民族独立戦争ではないとしたのか。民族独立戦争だとすると、それを仕掛けたのは大日本帝国だということになります。すると帝国陸海軍は解放軍になり、東京裁判を否定することになってしまいます。アメリカとしては東京裁判を否定することができないので、ベトナム戦争を民族独立戦争だとは言えなかった。だから、ベトナム戦争は共産主義の侵略だとしたのです。

ベトナム戦争は独立戦争であり、南北統一の戦争だったのです。アメリカも南北統一戦争をやっています。ベトナム戦争の犠牲者は、東京裁判の犠牲者でもあるのです。これは、本来はアメリカの歴史家が言わなければならないことです。原爆投下の免罪符を失うからと東京裁判を肯定したために、多くのアメリカ兵がベトナム戦争で死んだのです。

昭和十六年十二月八日午後零時二十分に発表された帝国声明文には「米英の暴政を排除して東亞を明朗本然の姿に復し、相携へて共榮の樂を頒たんと冀念するに外ならす」と書かれています。つまり、アジアを独立させて大東亜共栄圏をつくると書いてあるのです。

開戦の詔書には、自存自衛を全うするとは書いてあるのですが、アジアを解放するとは書いていません。しかし、当時の日本軍の自存自衛とは、アジアを解放することだったのです。だから、詔書になかったのです。

ところが、「アジア解放は言い訳に過ぎない。建前だ」という人が保守の側にもいます。言い訳や建前ならば、実際に独立させることはないのです。真珠湾攻撃の日にアジア独立宣言を出し、昭和十八年十一月になると、独立させたアジア各国の元首を東京に招き、大東亜会議を開いています。終戦の詔書には、今次の戦いは解放戦争であった、解放いまだならず皆さんにお詫び申し上げたいと書いているのです。

アメリカの戦争目的は、日本からの軍事的脅威を排除することと領土保全、フィリピン植民地を守ることです。たしかに大日本帝国をつぶすことによって、日本からの軍事的脅威は排除いたしました。しかし、なぜ朝鮮戦争がはじまったのですか？　アメリカは、今の北朝鮮のミサイルにも怯えているのです。フィリピンは日本軍があっという間に占領して、独立させました。

十二月八日（米国時間）にルーズベルトが議会で宣言した二つの開戦目的である領土の保全と脅威の排除は実現しなかったのです。戦争目的は達成していないのです。

アメリカは何十万の兵の命を散らせて得たものは、サイパンなどの島々、原爆投下の汚名です。日本が得たものは、アジアの解放、人種平等の実現、白人帝国主義の崩壊・大英帝国の崩壊。そして白人優越主義の破綻です。

私は、オバマ大統領は大東亜戦争の申し子だと言ってきました。オバマの実父はケニア人です。ケニアの独立のためにアメリカのハワイ大学に留学し、ケニア政府の官僚として勉強した人です。ケニアが一九六一年に独立すると、奥さんとオバマを置いてケニアに帰国したのです。

その後、オバマの母はインドネシア人と再婚します。この再婚相手は、インドネシアから来た国費留学生でした。ケニアとインドネシアが独立していなかったら、オバマの父はハワイにいなかった。だから、オバマ大統領は大東亜戦争の申し子だと言っています。インドネシアがオランダの植民地のままだったら、オランダは現地のインドネシア青年をハワイ大学に留学させるはずありません。

終戦から二十年後、アメリカでは一九六五年に公民権法が施行され、やっと法的に黒人差別が禁止されたのです。それによって、オバマ大統領は大学で高等教育を受けることができました。それまでは黒人が白人の大学に入学するなんてとんでもないという時代だったのです。

大東亜戦争はアメリカの黒人解放運動まで実現したのです。アジアは独立した。それを横目で見ていたアフリカの独立派も自分たちも独立しようとしたのです。そのとき、大英帝国は軍事力を失っていました。だから、イギリスも独立を認めざるを得なかったのです。

アメリカに、独立したアフリカの国々の大使館が置かれました。アフリカの黒人がホワイトハウスに出入りするのを見ていたアメリカの黒人は、何でアフリカの黒人は白人が入る映画館に入れて、アメリカの黒人は入れないのだとなるのです。アフリカの黒人が解放されたのなら、自分たちも解放しろよとなったのです。そこで、公民権法が成立し、アメリカ黒人も平等になりました。

大東亜戦争は、植民地主義を崩壊させ、ヨーロッパにEUを誕生させ、人種平等を実現し、アメリカの黒人大統領まで誕生させたのです。

昭和三十年代の後半に入ると、朴鉄柱という韓国人が「クラウゼビッツによれば戦争目的を達成した国が戦勝国で、達成できなかった国が敗戦国だ」と言ったのです。

たしかにこれは真理です。その後の歴史を動かすのは戦勝国で、敗戦国が歴史を動かすことはありません。戦後の歴史を動かしたのは、植民地主義を崩壊させ、EUを誕生させ、人種平等を実現させ、黒人のアメリカ大統領を誕生させた大日本帝国です。

「では、降伏文書調印は何だったのか」と反応があります。私は「あれはただのセレモニー。天皇陛下が負けたフリをしようとおっしゃるので、負けたフリをしただけ」と答えています。「憲法を押しつけられた」という反応もありますので、「嘘でも戦勝国を名乗りたいのだから、名乗らせてあげなさい。アメリカの歴史は二百年、日本は二千六百年だ」と答えています。

アジア解放の視点から見る

長い歴史を維持するには、それだけの国力、文化力、国民同士の信頼関係が必要です。「中国四千年の歴史」というけれども、中華人民共和国の歴史はまだ七十年しかありません。日本が二千六百年も一つの皇統を繋いで維持しているのは、日本人に歴史を維持する実力があるからです。私は「歴史維持力」という言葉を造語しました。

帝国政府声明によって、大東亜戦争がアジア解放戦争であることは明らかだと言いました。すると、保守論壇から反論がありました。「そうは言っても支那事変は侵略でしょう」と。この間まで私は、「当時の中国は日本の戦国時代みたいなものです。戦国時代に被害者と加害者の区分けなどできない」と言っていました。これも一理あると私は思っています。

昭和十三年六月の稲田正純作戦課長の機密文書に「本事変は消極的には満洲事変の終末戦たると共に積極的には東亜解放の序幕戦たるの意を有し」と書いてあります。

陸軍参謀本部の作戦部作戦課は、日本の軍事の統括をしていた部署で、作戦課長は陸軍の超エリートです。その人が、支那事変を理由に東南アジアを解放できると言っているのです。ビルマからの援蔣ルートをつぶすにはビルマを独立させればいいとなるのです。

もっと正確に言えば、稲田大佐は蔣介石を説得して支那事変を収束させ、支那事変の収束条件は日中が力を合わせて白人帝国主義に立ち向かうことでした。ところが、蔣介石が受け入れません。

昭和十五年、蔣介石と別れた汪兆銘が日本に投降してきて、南京政府をつくりました。汪兆銘が日本の側に来たことにより、日本は支那人も我々と共に戦っているという大義名分ができました。しかし、蔣介石まだ抵抗します。援蔣ルートを遮断するということはベトナム、ビルマ、インドを独立させるということなのです。

「戦前の日本軍はアメリカ軍を怖がっていた」「負けると思って戦争に突入した」というの

は嘘です。陸軍参謀本部は、アメリカに負けるとは思っていません。超大国の清国に勝ち超大国ロシアに勝った日本が、単独ではメキシコとスペインにしか勝ったことのないアメリカに負けるはずがありません。

航空母艦の数は日本の方が多かったのです。戦艦の数はほぼ同数ですが、アメリカは大西洋と太平洋の二ヶ所に分けなければならないので戦力は半分になります。

昭和十六年十一月の作戦要項には、日米会談決裂した暁にはただちにイギリスに対しシンガポールの降伏を要求する、アメリカに対してはフィリピンの即時独立と米軍の撤退を要求する、もし従わなければ武力を発動するとあります。

実際、当時の日本軍の軍事力だと負けるとは思っていません。当初、フィリピンを攻撃する計画はありませんでした。最初は大英帝国とオランダの石油だけが目的なので、アメリカを刺激しないようにフィリピンは避けて通る予定だったのです。

ところが、イギリスを攻撃するとアメリカも参戦してくるだろうと予測します。アメリカが参戦してくるときは準備万端にしてからだから、日本の損害も大きくなります。イギリス、オランダを攻撃するならば、毒を食らわば皿までだということでフィリピン攻撃まで実行したのが服部卓四郎だったのです。

薩英戦争、馬関戦争の延長たる対白人戦争が大東亜戦争なのです。ルーズベルトやコミンテルンに嵌められたのではなく、自分たちで決めて戦ったのです。その資料が、昭和十三年六月に陸軍参謀本部から関係省庁に送られた機密文書です。そして、それが内部文書としてつくられ、各省庁に送られます。昭和十三年十二月に近衛声明が出され、そこに初めて「東亜新秩序」という言葉が出てきます。だから、アジア解放戦争だったのです。

独立させるのが悪いのならば、ホーチミンは極悪人です。ガンジーも危険人物で、一番の悪党はジョージ・ワシントンです。

植民地主義は悪であるというのは、一九六〇年代に国連で決議されました。国連では、日本は戦犯国で敵性国家になっているそうです。しかし、世界には約二百の国があります。多くの国々は大東亜戦争の結果、独立したのです。

コミンテルン陰謀論、ルーズベルト陰謀論を言う人は仕方ない面があります。戦後、GHQと日本共産党、日教組に目隠しされてしまったのです。

「近衛文麿は公家出身だから無能だった」と言う人がいますが、それは違います。近衛文麿が稲田正純の提言を取り上げず、近衛声明に「東亜新秩序」と書き込まなかったら、アジアの解放はなかったと言えます。すなわち、近衛文麿はアジア解放の立役者なのです。アジア解放という点から見ると、日本は戦勝国でアメリカは敗戦国になるのです。

高校野球では、地方予選を戦って勝ち進んだ高校が甲子園に行きます。この甲子園が大東亜戦争です。戊辰戦争は地方予選です。

徳川幕藩体制のまま白人帝国主義に立ち向かうか、薩長新体制に変えてから立ち向かうか、という主導権争いだったのです。

最も巨大な特攻機だった大日本帝国

大日本帝国とは何だったのか。憲法を変えられて、帝国の名前まで変えられました。「大日本帝国憲法を復活させせろ」と言いますが、天皇陛下の一言で憲法問題は吹っ飛びます。

大日本帝国のはじまりは薩英戦争であり、馬関戦争です。ここで大和民族と白人との戦いがはじまりました。そして、それが戊辰戦争になり、大日本帝国が誕生しました。すなわち、大日本帝国誕生の目的は、対白人帝国主義だったのです。白人帝国主義から日本を守るということです。そして、アジアの植民地を独立させせない限り、日本は安泰ではありません。大日本帝国誕生の目的はアジア解放だったのです。そして、それを実現しました。実現した途端、大日本帝国は自らを消滅させたのです。見事な桜花《さくらばな》です。

特攻とは兵隊だけのことではありません。大日本帝国こそ最も巨大な特攻機だったのです。目的を達成したから消滅したのです。まさに武士道です。大日本帝国こそが大なる英霊なのです。大日本帝国は桜と散りましたが、国家の独立、および人種平等、使えない核兵器が残ったのです。

これは負け惜しみではありません。私が科学者として、論理的に分析した科学的結果なのです。日本軍の駐留期間の長さと、独立国の増加数が比例しているというのが歴史の結果です。

これを機に、日本の敗戦自虐史観はもうやめましょう。それは歴史的事実ではありません。日本人が敗戦自虐史観をやめて東京裁判を否定しないと、人類が浮かばれません。人類を解放した大日本帝国が不当に批判され、植民地支配をしていた欧米こそが正義という概念がまかり通れば、歴史は前に進まないし、人類は救われません。

多くの国民がそのような意識を持てば、天皇陛下の靖国神社御親拝が実現いたします。一人ひとりの意識を変えることが大切です。

※本章は令和元年八月三日の講演を再構成したものです。

第八章

日本側が国務長官を誑かしてハルノートを発出させた

（初出：『國の防人 第十三号』）

はじめに

日本はハルノートを米国から突きつけられ、日米開戦へと追い込まれたというのが戦後わが国を覆い尽くしてきた開戦に付き纏う歴史観である。

当時、日米開戦を回避するため野村吉三郎・来栖三郎からなる日本側外交団は米国の首都ワシントンにて米国側の外交代表であるコーデル・ハル国務長官と昭和十六年四月より八ヶ月にわたる外交交渉を重ね、日米戦争の回避について真摯に粘り強く交渉を続けてきた。しかし米国側による引き延ばしにより、交渉の結論を得ることは難しく、昭和十六年十一月二十七日（日本時間）米国側からハルノートが突きつけられ、これによりわが国は窮鼠猫を噛むかの如く対米開戦に踏み切ったという分析が定着している。その結果、日本は〝ハルノート〟という米国の罠に嵌まり開戦へと引きずり込まれたと保守論壇は嘆くこと頻りである。日本はシナ大陸およびインドシナ半島の市場と資源確保に固執したため米英の怒りを買い、ハルノートという罠に嵌まり、惨めに敗北した（侵略敗戦ぼろ負け史観）と日本共産党、東大左翼歴史閥、NHKと左翼マスコミ、〝疑似戦勝国〟である米国から断罪されてきた。

保守論壇にとっても左翼と米国にとっても、ハルノートとは日本を開戦へと追い込む罠であったという認識で一致している。保守と左翼が一致した見解を持つというのはあり得ない現象であるが、わが国には左翼教育を受けて育ったせいで共産党歴史観をその根幹に持ちながら保守論を唱える保守論人が多数存在しており、保守論壇が左翼共産党と一致した見解を持つことは驚くに値しない。

保守と左翼がともにハルノートとは日本に先に手を出させるための米国により仕掛けられた罠であると断じているわけであるから、戦後生まれの世代は学校では左翼教師に「日本は米国が仕掛けた罠に嵌まり、止めておけばよかったのに開戦して惨めにボロ負けしたみっともない国家である」と教えられ、社会人となって保守に目覚めても「祖国は罠にはめられた間抜け国家であるが、悪いのは罠を仕掛けた米国である」と言い訳し、結局「祖国は罠に嵌められるほど愚かな国家であった」と祖国を蔑む結論に至るわけである。残念ながらそれが現実であった、昨日までは。

〝ハルノート〟とは

一体〝ハルノート〟とは何であったのか確認しておく。以下に紹介する。

1　日米英「ソ」蘭支泰国間の相互不可侵条約締結
2　日米英蘭支泰国間の仏印不可侵並に仏印に於ける経済上の均等待遇に対する協定取極
3　支那及全仏印よりの日本軍の全面撤兵

4　日米両国に於て支那に於ける蔣政権以外の政権を支持せざる確約

5　支那に於ける治外法権及租界の撤廃

6　最恵国待遇を基礎とする日米間互恵通商条約締結

7　日米相互凍結令解除

8　円「ドル」為替安定

9　日米両国が第三国との間に締結せる如何なる協定も本件協定及太平洋平和維持の目的に反するものと解せられざるべきことを約す（日独伊三国同盟の骨抜き案）

要するに〝ハルノート〟とは、シナ大陸の権益確保に後れをとった米国が重慶蔣介石政権と手を組んで日本軍をシナ大陸から追い出し、大日本帝国が日清日露の戦争以来築き上げてきた日本権益を横取りしようと企む外交文書であった。かような文書を大日本帝国が受け入れることなどあり得ない。なぜなら、大日本帝国はその発祥からしてアジア欧米植民地の解放独立による自存自衛を目指していたからである。読者の中には日本が当初からアジア解放を目指していたことに疑念を有する者も居るであろうからアジア解放戦勝解放論について解説しておく。

アジア解放戦勝解放論とは

筆者が主宰する昭和史研究集団札幌学派は従前より大東亜戦争は「白人帝国主義国家によって植民地化された東亜全域を解放し独立させるための〝大東亜解放戦争〟である」と主張してきた。その根拠となった証拠文献は昭和十六年十二月八日午後〇時二十分発出の帝国政府声明である。この声明文の後半に次のように開戦目的はアジア解放と大東亜共栄圏の確立であると明記されている。

原文

【帝國政府聲明　午後　零時二十分發表】

而して、今次帝國が南方諸地域に対し、新たに行動を起すの已むを得ざるに至る、何等その住民に対し敵意を有するにあらず、只米英の暴政を排除して東亞を明朗本然の姿に復し、相携へて共栄の楽を頒たんと冀念するに外ならず、帝國は之等住民が、我が真意を諒解し、帝國と共に、東亞の新天地に新たなる発足を期すべきを信じて疑わざるものなり、今や皇国の隆替、東亞の興廃は此の一挙に懸れり、全国民は今次征戦の淵源と使命とに深く思を致し、苟も驕ることなく、また怠る事なく、克く竭し克く耐へ、我等祖先の遺風を顕彰し、難関に逢ふや必ず国家興隆の基を啓きし我等祖先の赫々たる史績を仰ぎ、雄渾深遠なる皇謨の翼賛に萬遺憾泣きを誓い、進んで征戦の目的を完遂し、以て聖慮を永遠に安んじ奉らむことを期さざるべからず。

安濃豊による読み下し文

【帝国政府声明　午後　零時二十分發表】

今回帝国は東南アジア地域に武力進攻せざるを得なくなったが、それは決して東南アジア住民に対して敵意を持つからではない。ただ、米英から東南アジア住民に対し加えられてきた暴政を排除し、東南アジアを白人によって植民地化される前の、明白なる本来在るべき姿へ戻し、ともに協力して繁栄することを願うからである。大日本帝国は東南アジアの住民たちがこの戦争目的を了解し、東亜に新たなる政治経済体制の構築を目差し共に行動することを疑わない。

今や大日本帝国と東亜の興廃は、この一挙にかかることとなった。全国民は、このたびの戦いの原因と使命に深く思いを馳せ、けっして驕ることなく、また怠ることなく、よく尽くし、よく耐え、それによって私たちの祖先の遺風を顕彰し、困難にあったら必ず国家興隆の基を築いた父祖の光栄ある歴史と業績と雄渾深遠なる陛下の統治を思い、万事にわたってソツがないようにすることを誓い、進んで戦争の目的を完遂し、陛下の御心を永遠に安んじ奉ることを期待する。

傍線を付した部分が戦争目的はアジア解放と大東亜共栄圏確立であることを宣言した段落である。以後本稿ではこの段落について〝アジア解放宣言〟と呼称することにする。

帝国政府声明の発掘により日本軍によるアジア解放は後づけや結果論ではなく、先づけであり目的論であることが証明された。詳しくは安濃豊著『大東亜戦争の開戦目的は植民地解放だった――帝国政府性声明の発掘』（展転社刊）を参照されたい。

開戦時にアジア解放目的を明言し、開戦中にビルマ、フィリピン、自由インド、ベトナム、ラオス、カンボジアの六ヶ国を独立させて大日本帝国と枢軸側各国は国家承認を与えていた。終戦＝終核戦後の八月十七日にはインドネシアに独立宣言を行わせていた。

昭和十八年十一月五日には大東亜会議を東京で開催し、もともと独立国家であったタイ国のほか日本軍によって新たに誕生した新生独立国である南京国民政府、ビルマ国、満洲国、フィリピン第二共和国、自由インド仮政府が東京に集い、有色人種のみによる初の国際会議が開かれた。昭和二十年八月十五日昭和超帝は終戦の詔書において「今回の戦いは東亜の解放を目的としていた」と記されている。

昭和十六年十二月八日と昭和十八年十一月五日と昭和二十年八月十五日はアジアの解放という縦糸で一直線につながれた。

昭和十六年十二月八日以降の戦いは東亜解放戦争であったと結論づけられたわけである。しかしそれでは、それ以前の戦い、すなわちシナ事変について、あの戦いは一体何だったのだという疑問は残ったままであった。これについても昭和十三年六月二十日付で参謀本部第一部二課から関係各省に機密文書として伝達された「戦争指導上速やかに確立徹底要すべき根本方針」の発掘により「シナ事変はアジア解放戦争開始のための序章であり、序幕戦」であったことが明らかとなった。当時の参謀本部二課長とは稲田正純陸軍大佐であり、彼はその機密文書（以後稲田文書と呼称する）内で「本事変は消極的には満洲事変の終末戦であると共に、東亜解放の序幕戦たるの意を有し、皇國一貫の國是たる道義日本の確立と東洋文化の再建設とのため歴史的一段階を劃すべきものなり」と位置づけた。

シナ事変を収束させるには援蔣ルートの遮断が必須であり、援蔣ルートの遮断とは香港、インドシナ、ビルマ、インドの白人植民地からの解放と独立が必須となる以上、シナ事変は帝国陸海軍の誕生目的であった白人帝国主義からの自存自衛と大アジア主義の実現への大なる口実になると見込んだのである。

日本軍がシナ事変に深入りしていった理由とは、作戦的無能かつ優柔不断からシナの内戦に引きずり込めれたわけではなく、シナ事変を積極的に拡大することにより援蔣ルート遮断＝アジア解放の口実を得るためであった。

稲田文書はその数ヶ月後に第二次近衛声明における「東亜新秩序の確立概念」として結実する。この東亜新秩序という概念はさらに三年後の対米英開戦にあたって提唱された「大東亜共栄圏構想」へと昇華結実する。

稲田文書の発掘によりシナ事変も対米英戦争の一部であり前哨戦であることが明らかとなった。前哨戦であったからこそ開戦二日後に帝国政府が「今次戦争をシナ事変を含めて大東亜戦争と呼称する」ことを決定したのである。

上記の文献発掘により、シナ事変を含む大東亜戦争は単なるアジア解放戦争に過ぎなかったことが明らかとなった。すなわち、幕末に発生した薩英戦争、馬関戦争といった「自存自衛のための尊皇攘夷の戦い」の延長線上にある、アジア・インド洋・太平洋全域に拡大した大なる「尊皇攘夷の戦い」に過ぎなかったという史実が明らかとなったわけである。

奇妙なり〝ハルノート〟

昭和十二年七月に勃発した盧溝橋事件からはじまった一連の東亜解放事象への取り組みの中で不可解な事象が存在する。それが〝ハルノート〟である。

従来の学説では前述したとおり米国は〝ハルノート〟を日本に突きつけることにより、日本側から開戦するように仕組んだと言われている。石油禁輸・経済封鎖を受けながらハルノートという容認しがたい条件を突きつけられた大日本帝国は戦争による解決という道しか残されておらず、その結果止むに止まれず対米英開戦に踏み切ったというストーリー展開が常態化されてきた。しかしこの論には無理がある。なぜなら前述したとおり当時の日本軍は援蔣ルートの遮断を口実とした、東亜全域における欧米植民地の解放独立を目指しており、〝ハルノート〟の受領は開戦する口実としては渡りに船であったと思われるからである。

維新以来の宿願であった大アジア主義の実現は欧米白人国家の放逐による大東亜共栄圏の確立という形にその姿を変えていたが、どうせ東亜解放戦争を開始するなら米英側から無理難題を要求させ、それを口実として開戦する方が開戦責任を敵側に押しつけることができるから都合がよい。

この「〝ハルノート〟による脅迫から止むなく開戦した（〝ハルノート〟脅迫開戦説と呼称する）」とは大日本帝国が元々有する東亜解放戦争への積極参戦意思と真逆なる齟齬を生じせしめるものである。

ここに「〝ハルノート〟脅迫開戦説」への疑義が生ずる。もしも大日本帝国がアジア解放のための開戦を望んでいたのであれば、〝ハルノート〟は「渡りに船」であり、望むべきものであったはずである。

アジア解放史観から「機密戦争日誌」を読む

この文献は過去にも取り上げられてきたが、それぞれの研究者にアジア解放目的論が欠如していたため、戦争好きな旧軍部による〝煽り文書〟に過ぎないと看過されてきた。しかし、アジア解放目的論を元に解析すると新たな視点が見えてくる。

機密戦争日誌は大本営陸軍部の戦争指導班（第二十班）の参謀が、日常の業務を交代で記述した戦争指導班としてのいわゆる業務日誌である。

防衛省防衛研究所
レファレンスコード
C12120319200

作成者名称
参謀本部第二十班（第十五課）
機密戦争日誌
昭和十六年十月三十一日付日誌

一　正に嵐の前夜戦争か平和か、最後の決は明日に於いて判明すべし、少なくも海軍の態度は判明すべし。各方面一日を費やし腹を決めるに営々たり。

二　午後部長会議夜に至る。「即時対米交渉断念開戦決意を十二月初頭戦争発起、今後の対米交渉は偽装外交とす」の結論なり。当班各案（自第一案至第七案）に対する意見を付し第一案（右案）を以て絶対案とし他案による場合は会議決裂に導くべしと

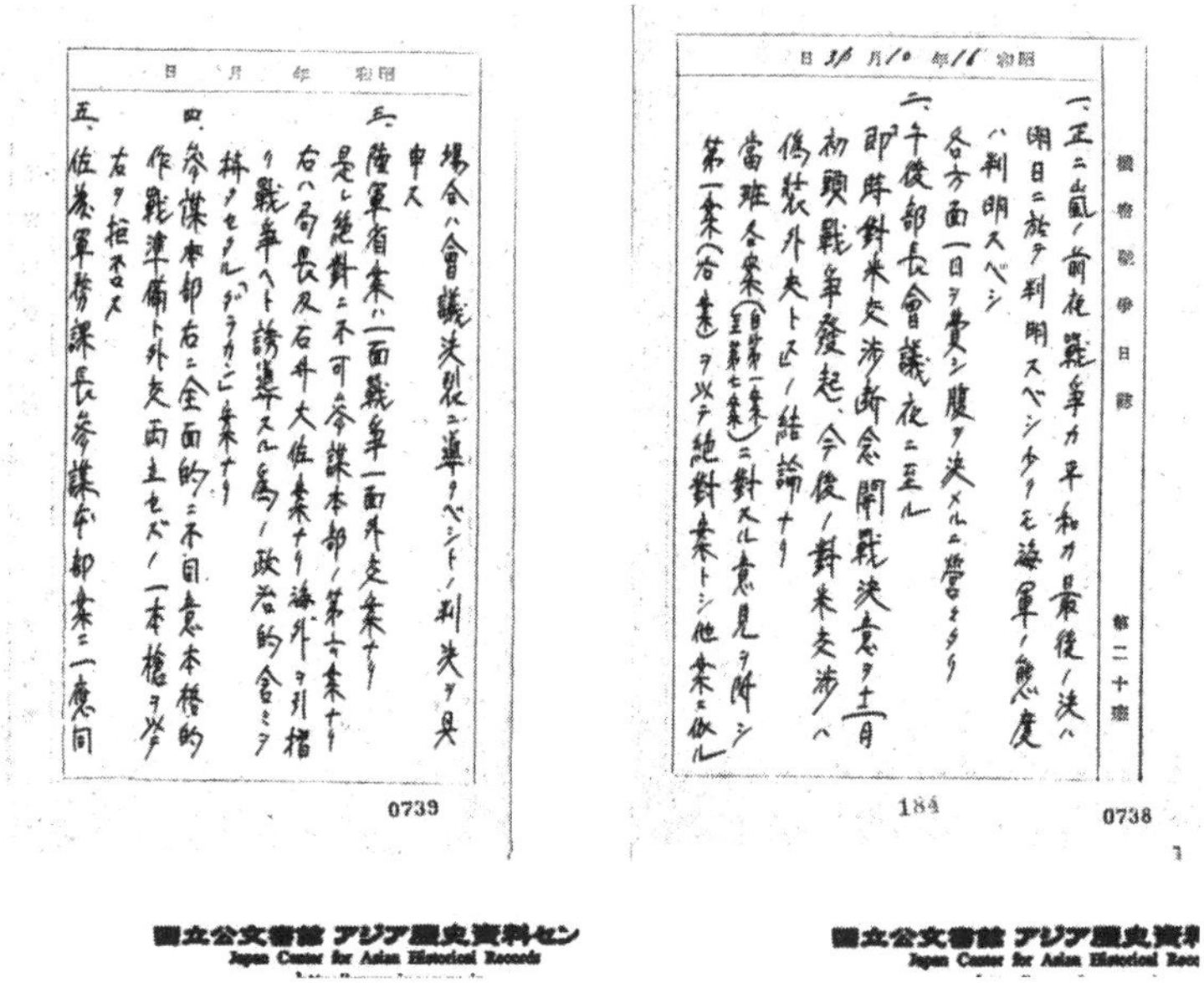
機密戦争日誌　第二十班
昭和16年10月31日

一、正ニ嵐ノ前夜、戦争カ平和カ最後ノ決ハ明日ニ於テ判明スヘシ少クモ海軍ノ態度ハ判明スヘシ
各方面一日ヲ費シ腹ヲ決メルニ営々タリ
二、午後部長会議夜ニ至ル
即時対米交渉断念開戦決意ヲ十二月初頭戦争発起、今後ノ対米交渉ハ偽装外交トスルノ結論ナリ
当班各案（自第一案至第七案）ニ対スル意見ヲ附シ第一案（右案）ヲ以テ絶対案トシ他案ニ依ル

184　0738

場合ハ会議決裂ニ導クヘシトノ判決ヲ具申ス
三、陸軍省案ハ一面戦争一面外交案ナリ
是ハ絶対ニ不可参謀本部ノ第六案ナリ
右ハ局長及石井大佐案ナリ海外ヲ引摺リ戦争ヘト誘導スル為ノ政治的含ミヲ持タセタル「ダラカン」案ナリ
四、参謀本部右ニ全面的ニ不同意本格的作戦準備ト外交両立セズノ一本槍ヲ以テ右ヲ拒否ス
五、佐藤軍務課長参謀本部案ニ一応同

0739

の判決を具申す。

三　陸軍省案は一面戦争一面外交案なり。是絶対に不可参謀本部の第六案なり、右は局長及び石井大佐案なり、海外を引き摺り戦争へと誘導するための政治的含みを持たせたる「ダラカン」案なり。

四　参謀本部右に全面的に不同意本格的作戦準備と外交両立せずの一本槍をもって右を拒否す。

五　佐藤軍務課長参謀本部案に一億同意し（参謀本部部長会議に招致出席せしめ同調せしめたるものとす）さらに陸軍省首脳部会議を開く、右結果を軍務課長返答し来たる、然るに一言の名答もなく明朝大臣総長と会談しその席上に述べるべしと言うその真意は如何。

六　本夜大臣は各大臣を個別に招致し件を聞くとのことなり。

七　軍令部に打診せるも何ら反響なし。

帝国国策遂行要領

昭和十六年十一月一日

大本営政府連絡会議決定

一　帝国は現下の危局を打開して自存自衛を完うし大東亜の新秩序を建設する為此の際米英蘭戦争を決意し左記措置を採る

一）武力発動の時機を十二月初頭と定め陸海軍は作戦準備を完整す

二）対米交渉は別紙要領に依り之を行ふ

三）独伊との提携強化を図る

四）武力発動の直前泰との間に軍事的緊密関係を樹立す

二　対米交渉が十二月一日午前零時迄に成功せば武力発動を中止す

この決定は十一月五日に開催された御前会議に於いて了承され確定された。

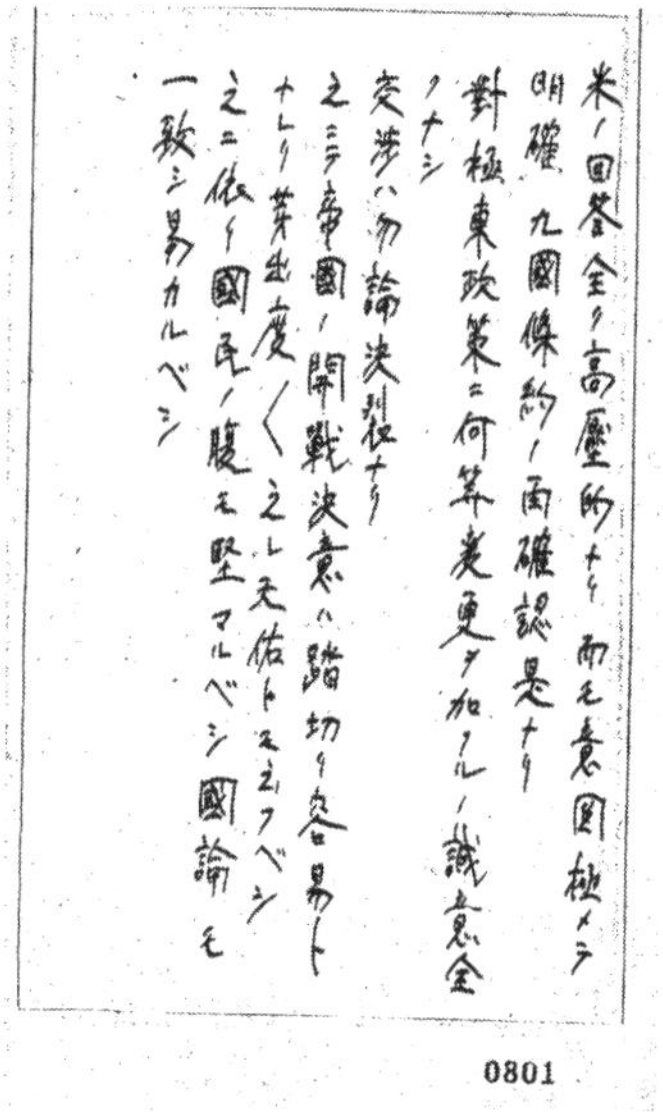
米ノ回答全ク高壓的ナリ 而モ意圖極メテ
明確 九國條約ノ再確認是ナリ
對極東政策ニ何等変更ヲ加フルノ誠意全
クナシ
交渉ハ勿論決裂ナリ
之ニテ帝國ノ開戦決意ハ踏切リ容易ト
ナレリ芽出度く之レ天佑トモ云フベシ
之ニ依リ國民ノ腹モ堅マルベシ國論モ
一致シ易カルベシ

0801

機密戦争日誌

昭和十六年十一月二十七日（注：米国側からハルノートが発出され交渉決裂が決定した日）

米の回答全く高圧的なりしかも意図極めて明確、九ヶ国条約の再確認是なり。対極東政策に何ら変更を加えたるの誠意全くなし。交渉は勿論決裂なり。これにて帝国の開戦決意は踏切容易となれり目出度し目出度し、これ天佑とも云うべし、之により国民の腹も堅まるべし国論も一致し易かるべし。

また昭和十六年十一月二十九日の日誌には米国側の対手であるコーデル・ハル、フランクリン・ルーズベルト両人に対する嫌悪ともいうべき言辞が述べられている。この文面を見る限り、当時の米国白人による日本人に対する人種的侮蔑、白人優越主義に対する憎悪がにじみ出ている。戦争原因はアングロサクソン特有の有色人種に対する傲慢不遜に対する反感である。

五　開戦企画秘匿如何とすべきやを研究せるも現状推移の外名案なし。米国未だ戦争準備全くなし。独逸の対ソ戦争急襲以上の対米戦争急襲正に成就せんとす。先入主観の禍害茲に最多。「ヤンキー」の対日軽蔑も旬日を出でずして思い知らしめるべし。

レファレンスコード

C12120319500

機密戦争日誌

昭和十六年十二月六日より

一　第二十五軍の大輸送船団は既に「サイゴン」沖に在り刻々気は迫れり、何時武力衝突惹起するや不明、願わくば八日未明まで無事ならんことを神かけ祈る。

二　国民は未だ知らず、軍また然り部内の一部また然り、戦争急襲は必至、真に世界歴史に特筆せらるべきものならん。

三　野村、来栖「ハル」会談行わる。偽装外交着々成功しつつあり。Z作戦部隊は既に「ハワイ」に近かるべし、而して龍田丸はこれと併行しありて戦を知らず、正に戦争秘策中の秘史なり、龍田丸船長の決心は如何にならんや。

四　連絡会議開催

対独伊政治協定国民政府の取り扱い、対泰交渉開始日の指示電報、対米最後通牒文の交付時期に関し作戦課は八日午後三時頃と主張せるが如きも既に連絡会議に於いて事前に交付する如く決定をせられあるを以て之を変更するを得ず。之より先昨夜陸海両――

（注：龍田丸とは太平洋航路の客船で、日米関係が逼迫していた当時、日米双方の引き揚げ者を交換するために出港していた。引き揚げ船が相手国へ向かうと言うことはまだ開戦の意図はないという意思表示でもあった。しかしこのときの航海は南雲機動部隊による十二月八日の真珠湾攻撃をカムフラージュするための航海であった）

上に紹介した陸軍参謀本部が書き残した「機密戦争日誌」を纏めるならば次の通りとなる。十一月一日の会議により対米開戦が決定された。その時期は十二月初頭とする。そして以後の対米外交は表向きは「戦争回避のための平和希求外交」とするが、その実態は「開戦準備が整うまでの時間稼ぎを目的とする偽装外交である」とされた。すなわち最終的にはわざと交渉を決裂させ、自動的に戦争へ突入するという筋書きになる。

十一月二十七日に日米交渉は決裂したが、決裂の原因は〝ハルノート〟であった。あまりにも強硬な要求が米国から発出されたため決裂という結果になったが、これは歓迎すべきであり「目出度し目出度し」と陸軍参謀本部は歓喜していた。なぜなら、これで国民は一致団結して米英戦に突入することができると判断されるからである。

開戦の二日前、十二月六日には前線の状況報告をしている。マレー上陸部隊はベトナムのサイゴン沖合をマレー半島に向け航行中であり、ハワイ奇襲部隊もハワイ島へ接近しつつあると述べ、南雲機動部隊と併行して龍田丸を日米交換船としてサンフランシスコ港へ向かわせているが、この交換船派遣は現時点では日本側に開戦意思がないことを示す偽装であると白状している。

偽装外交という名の猿芝居

上記〝機密戦争日誌〟は過去にも取り上げられ議論されてきた。しかし、過去の論人たちは重要な点を見逃がしている。それは昭和十六年十月三十一日付日誌において初めて記された「以後の対米外交は偽装外交とする」という「偽装外交」の重要性である。

「偽装外交」の意味するところは「外務省は恰も日米開戦の忌避を希求しているが如き芝居を打て」ということであり、この方針が、天皇が御臨席された御前会議においても確認されたということは外務省が望むか望まぬかに関わらず「猿芝居」を演じるべしという天皇からのご命令なのである。

戦後のわが国論壇では、開戦直前における東郷外務大臣の対米戦回避指示発言や野村大使が個人的に発出した野村私案をとらえて、軍部は好戦派であったが外務省は反戦派であったと決めつけているが、外務省の反戦的姿勢は米国側を欺くための猿芝居の結果であって、決して本心から反戦を装っていたわけではない。

米国務長官コーデル・ハルは野村・来栖両大使の猿芝居に騙され続けていた。東京の東郷外務大臣から届く電信は交渉を急ぎまとめて開戦を回避するよう督促するものばかりであり、野村大使が個人的な案として提出した野村私案（日本軍は南部仏印から撤退するが米国の援蔣行為はそのままで良いとする案）に惑わされていた。ハルの目論見は米軍が戦争への準備を整えるための時間を稼ぐことであった。米軍は第一次大戦以来の二十五年間大きな戦を経験していなかった。それゆえ軍の体制は弛緩しており体勢を立て直すには時間を必要としていたのである。しかし、米軍の臨戦態勢が整えばその巨大な経済力を基盤とした軍事力で大日本帝国などいとも簡単に捻り潰せると見込んでいたのである。

日本に対しては石油の全面禁輸を課している以上、開戦が伸びれば伸びるほど日本軍の備蓄石油は訓練に消耗され、戦闘用の石油燃料は枯渇していくと踏んでいた。〝ハルノート〟の発出はそのような状況下で行われた。

一方、日本側に対米戦のための準備期間など必要なかった。なぜなら、当時の日本軍はすでにシナ事変勃発により四年以上にわたって臨戦態勢にあり、主敵を重慶蔣介石軍から米軍へ切り替えることは難しいことではなかったからである。

日本側は米国が拒否してくることを見込んで、日本側の要求をすべて盛り込んだ対米交渉甲案を示した。当然、米国は拒否してくるから、第二段階として乙案を用意していた。しかし、この乙案が曲者であった。ハルにすれば、甲案で妥結は無理と悟った日本は、乙案で大幅に妥協して満洲以外のシナ・仏印からの全面撤退を決断してくると見込んでいたら、なんと乙案とは南部仏印に進駐する日本軍を北部に移動させるだけというふざけた提案だったのだ。それで米国は石油禁輸などの経済封鎖を全面的に解除し、援蔣行為を停止せよ、さらにその上、米国は日本が蘭印から資材を入手することに援助を与え、西太平洋地域の米国の軍事力増強を停止せよと要求していた。さすがにこれは虫がよすぎる要求だったが、その目的はハルの顔を逆なでして怒らせ、米国側から最後通牒を出させることであった。

実は乙案提示の前に野村大使はハルを安心させるために小ワザを使っている。乙案のなかで要求している米国による援蔣行為の中止部分を削り、日本軍が南部仏印から撤退することを条件とした「野村私案」をハルに提示していたのである。この野村私案に対してハルは時間稼ぎぐらいには使えるかと気を良くしており、とりあえずは交渉延長で手を打とうと周辺には語っていたそうである。しかしその後、野村は私案を取り下げ、日本政府の公式妥協案としての乙案を提示した。まるで一旦喜ばせておいてから、地獄へ突き落とす漫才ネタのような対応であるし、銀行融資に例えるなら、一旦融資して顧客を喜ばせておきながら、あとで貸し剥がしを決行するようなものである。この掌返しにハルの怒髪は天に達したが、とそのときである、何者かがハルの耳元で囁いた。

「白人が強い態度に出ればアジア人は逃げていきますよ。アヘン戦争の時のシナ人のように」

ハルは思い立った。日本人もシナ人と同じアジア人であるからして、強硬なる要求を突きつければ腰を折り、許しを請うてくるし、強硬なる要求を突きつければ、少なくとも日本側は狼狽し、検討に時間を費やし、戦争準備のための時間稼ぎをすることもできると。そこで目一杯の米国側要求を盛り込んだハルノートを試しに発出した。

残念ながら、ハルの企みはすでに破綻していた。

〝ハルノート〟は時間稼ぎの役には立たなかったからだ。〝ハルノート〟を提起した十一月二十七日（日本時間）の一日前の二十六日、択捉島単冠湾に集結していた六隻の正規空母（三百五十機搭載）を中心とする空母機動部隊はハワイ奇襲攻撃のために出港していたからである。すでに戦争ははじまっていたのである。戦争がはじまっているのに、開戦までの時間稼ぎをしようと考えていたコーデル・ハルという人物は不思議な脳の持ち主である。また、強硬なる〝ハルノート〟提出が日本軍を怯ませたかというと結果は正反対であった。ハルノートを突きつけられた参謀本部と外務省は恐怖するどころか、歓喜していた。

「これで開戦できる、カモがネギしょってやって来た。目出度し目出度し、打電せよ『ニイタカヤマノボレ』、マレー・フィリピン攻略部隊は予定通り上陸作戦を敢行せよ」

これは筆者の憶測であるが、ハルの耳元で囁いたのは〝ハリーホワイト〟なるソ連の間者ではない、日本側の交渉を担当していた野村・来栖の両大使か、それの息のかかったものである。

野村と来栖は十一月十七日には米国務省内で対日強硬策（後の〝ハルノート〟）が立案されていたことを察知していて、なんとしてもその強硬策を提示させるために工作したのではないかと筆者は勘ぐっている。

「米国が強硬策を提示してくれれば、それを以て本国を説得できるのですが」と誑かし、発出された瞬間、「これは宣戦布告そのものではないか。これでは我が方は先制攻撃するしか残された道はない」とばかりにハワイとフィリピン、英領マレーへ襲いかかったのである。

ハルの目論見はすべて裏目に出てしまった。ハルを怒らせて〝ハルノート〟を発出せしめた偽装外交の勝利であった。この結果を考察するならば、東郷外務大臣による開戦を回避せよとの電信も野村私案もハルを油断させ、あとで怒らせるための猿芝居だったということになる。

東郷も野村も来栖も、天皇に仕える忠臣であれば御前会議の決定事項に逆らって〝偽装外交〟を放棄することなどありえない。この「偽装外交」は戦後になっても人々を騙し続けた。なぜなら、戦後の論壇も旧外務省は反戦派だったに違いないなどと騙されているからだ。策士策に溺れると言うが、ハルにとっては後の祭りであった。

ハルが真珠湾は壊滅したとの報をワシントンで受け取った直後、野村と来栖が訪ねてきて、申し訳なさそうに書類を差し出した。最後通牒だった。野村の顔には「ご愁傷様」と書いてあり、来栖の顔には不適な冷笑が漂っていた。

なぜ評価を捻じ曲げられたのか。米国白人にとって、有色人種に誑かされて開戦という罠に嵌められた、しかもその罠は世界の有色人種を白人による人種差別、奴隷化、搾取、虐待虐殺から救うための罠であったということになると、国内の被差別有色人種に示しがつかなくなり、しいては黒人解放運動の加速化を招くことになる。また米国は民主主義の国であり、多数派である白人が主導権を持つゆえ、有色人種に騙され無謀な戦争に突入した無様なる白人政党が選挙で勝つことは難しい。それゆえ有色人種に負けた戦も勝ったことにし、有色人種に騙されたことも白人が有色人種を騙してやった形にしなくてはならなかった。

核兵器の使用によって「棚ぼた反則勝ち」という勝利を手に入れた米国民主党はただちに歴史の改竄に取りかかった。それが東京裁判であり、ウォーギルドインフォメーションプログラム（WGIP）である。

偽装外交を真摯な平和外交であったことに塗り替え、外務省は戦争反対であったことにした。また〝ハルノート〟は日本を戦争へと追い込むための方便に過ぎなかったことにして、そのように報道するよう占領下にあった日本マスコミを誘導した。日本マスコミも戦犯にしょっ引かれたくないから素直にそれに従った。

米国白人が東京裁判で塗り替えた事項は解放者日本を侵略者と塗り替えただけではない。日本海軍出撃後の開戦までの時間稼ぎのための〝ハルノート〟発出という恥部を隠蔽し、日本を戦争に引き摺り込むために仕掛けた罠であったと詭弁したのである。

連合艦隊が出撃したあとに罠を仕掛けても意味はないと思うのだが、出撃した後であると知っていれば罠など仕掛けなくても良いはずである。ハルもルーズベルトも連合艦隊の出撃を知らなかったと言う証明となる。暗号など解読していなかったと言うことである。解読していたなら態々罠を仕掛けるはずはないからである。

以上のような操作を戦後に行い〝ハルノート発出〟の迂闊さを取り繕ったのである。アメリカ白人の歴史とは嘘・捏ち上げ・隠蔽・歪曲による自己正当化である。それは今でも変わらない。

あとがき

今回確認された〝日本側の誑かしによるハルノート発出〟についてその概略をまとめてみる。

当時の日本軍と政府は蔣介石による日本人虐殺（通州虐殺、上海日本租界爆撃）を擁護して援蔣行為を止めない米英白人に対して憎しみに近い感情を抱いていた。

昭和16年12月8日（日本時間）、ハル・ノートに対する『回答書』を手交した。

左から、ハル国務長官、野村大使、来栖大使

ホワイトハウスでルーズベルト大統領との会談を終えて記者団と会見する野村大使と来栖大使
1941(昭和16)年11月18日、米時間17日

当時の日本軍は米英両国と対等な軍事力を持つ以上、軍事的に始末をつけたいと考えるのは当然である。当時、戦争によって外交問題に決着をつけるという手法はごく当たり前のことであり、外交手法としての戦争は奇異なる手法ではなかった。今でも日本を除く各国では軍事力の行使は貴重な外交手段である。

有色人種たる日本人が米英白人に反感を抱くと同時に米国白人は有色人種である日本人を蔑み奴隷を相手にするが如くに傲慢不遜に振る舞っていた。その傲慢不遜に日本側の偽装外交がつけ込んだ。ワシントンで野村・来栖両大使が謙虚にへりくだればへりくだるほど、ア

ングロサクソンは高飛車に出てくる。それが宗主国であり奴隷主である彼らの宿痾なのである。その宿痾が命取りとなった。

日本外務省が繰り出す偽装外交に煽てられ誑かされて発出した〝ハルノート〟の結末とはフィリピン植民地の喪失であり、原爆使用の汚名であり、大英帝国の崩壊であり、シナ大陸の共産化であり、白人帝国主義、植民地主義、奴隷制度、人種差別の崩壊であり、黒人大統領の誕生であった。

第九章　ハル回顧録の嘘を暴く

（初出：『國の防人 第十四号』）

前章結論

筆者は前章にて「戦勝解放論」から見たハルノート評価について論じた。その結果、次の結論に達した。

1）大日本帝国は明治維新における発足以来、アジアにおける白人植民地の解放を切望しており、東亜解放戦争を開始する口実を探していた。

2）米英が支援して発生したシナ事変は、アジア解放を企む日本軍にもってこいの口実を与えた。蔣介石軍への軍事援助はインドシナ半島とビルマを経由して行われていたから、この支援ルートを遮断するためには両地域を日本軍が占領する必要があった。その占領とは紛れもなくアジア地域の解放独立を意味していた。

3）帝国陸軍はシナ事変への深入り拡大を謀りながら、対米英仏蘭戦開始のチャンスを狙っていたが、フランス・ビシー政府の了解のもと実施したインドシナ駐留に米国ルーズベルト政権が難癖をつけてきた。援蔣ルートを遮断されると蔣介石とつるんで排日を企んでいるルーズベルト政権は窮地に立たされるからである。ルーズベルトの狙いは蔣介石をシナ事変の正面に立たせて日本をシナ、満洲から追い出し、日本側が有していたシナ権益をそっくりそのまま横取りすることであった。

日米交渉は昭和十六年四月からはじまったが、元々日本側が妥協できる米側提案ではないため、日本側は十一月一日に開戦準備に入ることを決定し、開戦日を十二月初旬と定めた。

外交交渉は継続するが、その交渉は開戦準備を整えるための時間稼ぎと開戦口実を得るための「偽装外交」であると定めた。

4）米国務長官のコーデル・ハルは日本側の野村吉三郎・来栖三郎の両大使に「米側要求をすべててんこ盛りした交渉の叩き台となる文書を非公式なただのメモ書きでも良いから、示してくれ」と頼まれ、迂闊にも後にハルノートと呼ばれる「ハル十ヶ条」を昭和十六年十一月二十七日（日本時間）渡してしまった。ハルの意図は交渉を四月の段階まで先戻りさせて、再交渉をはじめ、米軍が開戦準備を整えるための時間稼ぎであった。

5）ハルによる時間稼ぎ陰謀は遅すぎた。ハルノート発出の前日、択捉島単冠湾に集結していた第一航空艦隊（南雲機動部隊、正規空母六隻）は準備を整えハワイ真珠湾へ向け進発した後であったからだ。すでに日米戦は始まっていたと言うことである。

6）結局ハルノートの発出は日本側に対米英開戦の口実を与えたのみであり、この開戦が米国を中心とする白人連合国にもたらした損害は次の通り。

・フィリピン植民地の喪失。

・大英帝国の崩壊（インド、ミャンマー、マレーシア、シンガポール、ブルネイ、パキスタンなど

でアジア、アフリカ、南アメリカ地域におけるほとんど全ての植民地の独立）

・仏領インドシナ植民地の喪失

・蘭領東インド（インドネシア）の喪失独立

・欧米植民地主義の崩壊とＥＵの結成

・白人優越主義の崩壊

・人種平等の実現

・欧米植民地の独立による有色人種独立国の増加と国連の拡充

・米国内における黒人解放と黒人大統領の誕生

・核兵器使用という歴史的汚点

・日本軍のシナ大陸からの急激な撤退による軍事空白の発生と国共内戦の再発

・シナ大陸の共産化と蔣介石の台湾逃亡、朝鮮戦争とベトナム戦争の勃発

・共産化による欧米シナ利権の完全喪失

以上の結果を白人世界にもたらしたのがコーデル・ハルという人物であった。人種の中で最も優秀であり、それ故に有色人種を虐殺し、植民地奴隷に繋ぐ権利を神に付託されていることに確信を持ち、数百年にわたってその付託に応えてきた白人が、東アジアに存する一有色人種国家に嵌められて、前述した大なる白人国家としての損失を被ったなどという話は伏

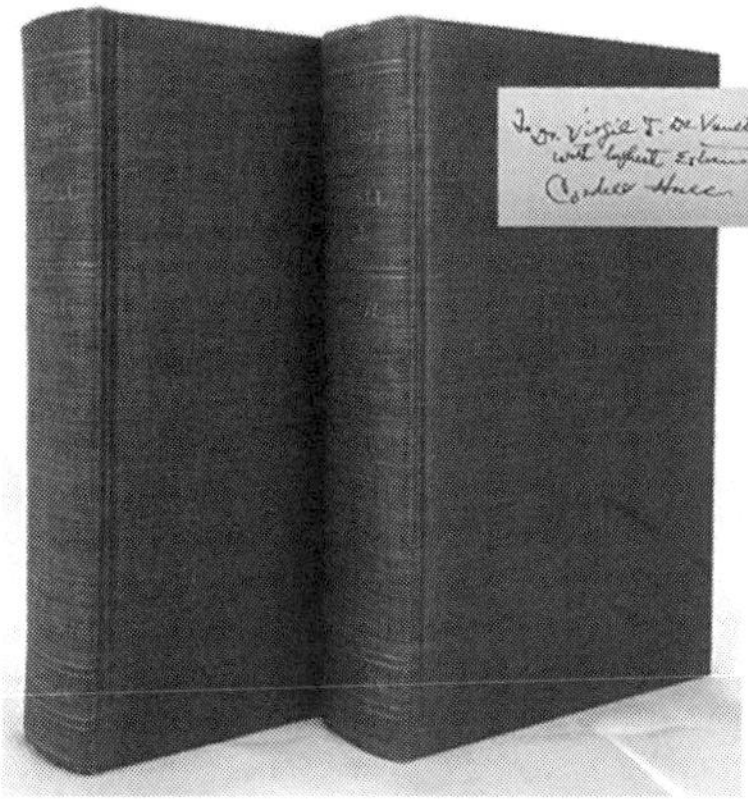

せて置かなくてはならないし、必要とあらば「騙されたのは日本側であった」と他の理由を捏造し、取り繕わなくてはならなかった。そのためハルはハルノート発出が自らの落ち度であったことを隠蔽しただけでなく、白色人種の尊厳を守るため次のように偽装した。

「米国は大日本帝国を開戦へと追いやるために敢えて日本側が受け入れ困難な要求を叩きつけた。その結果、日本は開戦へ突入するしか残された道はなくなった」

詳細については第八章を参考にされたい。

ここまでの結論はあくまでも著者が日本側の立場である「戦勝解放論」から見た見方であり、場合によっては一方的なこじつけにすぎないという批判を受けかねない。そこで著者は米国側の文献を精査し、ハルの言動に捏造、言い訳、誤解などがないのかを調査した。調査対象としたのは『ハル回顧録』（中公文庫）とその原本である。

この文献を一読して、著者が違和感を覚えるハルの記述は次のとおりである。

1　暗号解読自慢

日本版ハル回顧録でハルが言うには東京からワシントンへ送られてくる全ての日本側の外交電信を米国側は暗号解読していたとして、まるで日本人はバカであるかの如く虚仮にしている[注]。

2　日本側は戦争末期になってから開戦原因はハルノートであると言い始めた

昭和十九年（一九四四）日本軍の負けがこんできてから、日本側はハルノートを宣戦布告文だと言い出し、まるで開戦責任は米国とハル自身にあるかのように偽装したとして日本側を避難している。

3　大東亜戦争の戦況に関する記述を回避

回顧録でハルは大東亜戦域の戦況に関わる記述を割愛し、あたかも触れたくないようでもある。米国最大の植民地であったフィリピン失陥に関する記述も見受けられない。これは異常である。

次に前記した三点について検証する。

暗号解読自慢について

日本版回顧録内でハルは米国側の暗号解読技術により日本側の外交電信がすべて解読されており、野村・来栖の両大使が会談で何を要求してくるかについて予め知っていた。それゆえ本人たちに「知らない振りして応対することが辛かった」と述べている。あたかも自分たち白人は有色人種が作った暗号などいとも簡単に解読できるという能力を自慢し、有色人種である日本人は暗号が解読されていることに気づかないほど間抜けであったと言わんばかりである。

これを知らぬが仏というのであろうか。実はハルと東京のグルーアメリカ大使との暗号電信を日本側は完璧に解読していた。その証拠文献を発掘したので紹介する。

写真は日本側が米国側の暗号電文を解読していた証拠文献である。文献番号１４１が解読された英文原本、和文が邦訳である。英文、邦訳とも表だけを誌面の都合で掲載する。

Strictly confidential for the Ambassador and Counsellor only.

There is quoted for your information the text of a memorandum to the secretary and under secretary from the president, comunicated on

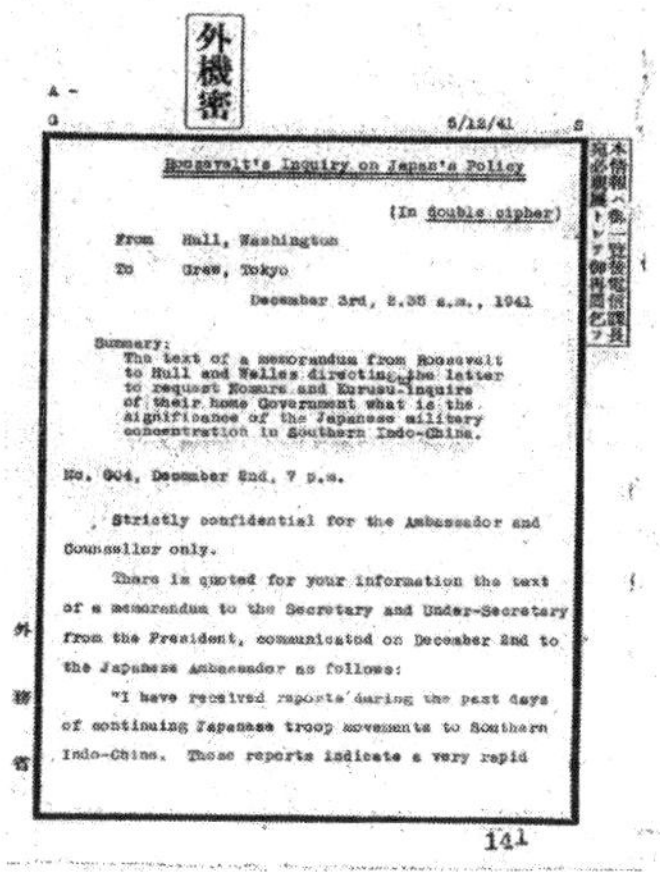
外機密

A -
G　　5/12/41　　S

Roosevelt's Inquiry on Japan's Policy

(In double cipher)

From　Hull, Washington
To　Grew, Tokyo

December 3rd, 2.35 a.m., 1941

Summary:
The text of a memorandum from Roosevelt to Hull and Welles directing the latter to request Nomura and Kurusu inquire of their home Government what is the significance of the Japanese military concentration in Southern Indo-China.

No. 904, December 2nd, 7 p.m.

Strictly confidential for the Ambassador and Counsellor only.

There is quoted for your information the text of a memorandum to the Secretary and Under-Secretary from the President, communicated on December 2nd to the Japanese Ambassador as follows:

"I have received reports during the past days of continuing Japanese troop movements to Southern Indo-China. These reports indicate a very rapid

141

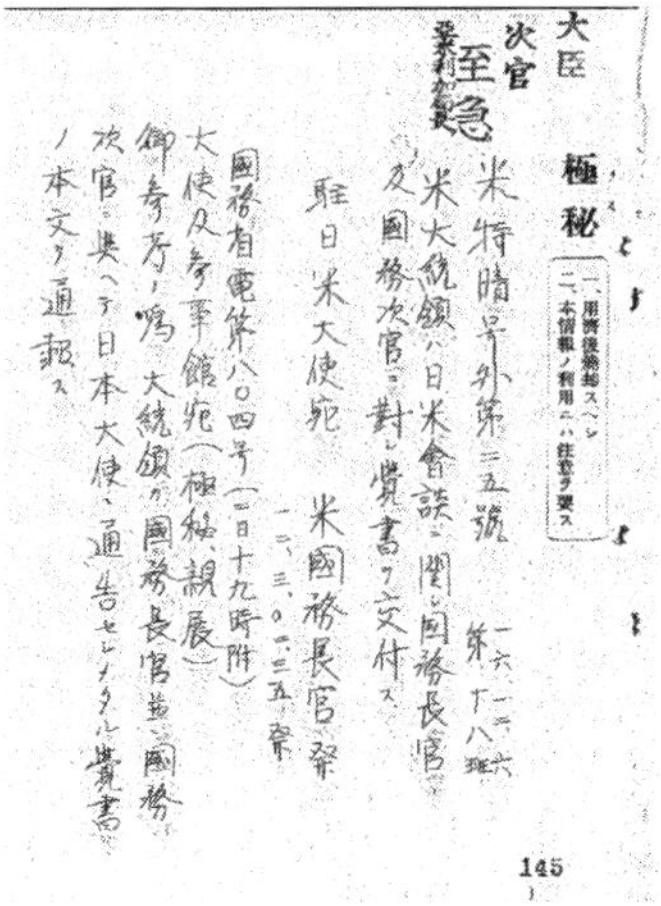
大臣
次官
至急
極秘
一、用済後焼却スベシ
二、本情報ノ利用ニハ注意ヲ要ス
米特暗号外第二五號　第一六、一二、六 十八班
米大統領ハ日米會談ニ関シ國務長官及國務次官ニ對シ覚書ヲ交付ス
駐日米大使宛　米國務長官発
一二、三、〇二三五発
國務省電第八〇四号（二日十九時附）
大使及参事館宛（極秘、親展）
御参考ノ為大統領カ國務長官並ニ國務次官ニ與ヘテ日本大使ニ通告セシメタル覚書ノ本文ヲ通報ス
145

desember 2nd to the japanese ambassador as follows:------

米国大統領は日米会談に関し国務長官及び国務次官に対し覚え書きを交付す。

米国国務長官発　駐日米大使宛て
十二月三日二時三十五分発
国務省電第八〇四号（十二月二日十九時づけ）
大使及び参事官宛（極秘親展）

上記日本側資料は日本側もハル以上に米国の暗号電文を解読していたことを示している。ハルは日本版回顧録で日本側の暗号を全て解読していたことを自慢しているが、彼は米側の「絶対極秘電文」まで日本側によって解読されていたことを知らなかった。だから回顧録内で解読を自慢をしていたのである。知っていたら自慢などできるはずはないからである。少なくとも回顧録が出版された一九四八年一月まで、ハルは日本側の米国暗号解読という事実を知らなかったはずである。ということは、米国側は開戦中どころか終戦後も、自国の外交電文が解読されていたことを知らなかったということになる。なんともおめでたい人たちではないか。

さらに日本側は米政府内に内通者（スパイ）も確保してあった。

外務省外交史料館
レファレンスコード
B02030723900
昭和十六年十二月六日　華府（ワシントン）発
十二月七日
極秘　館長符号　野村大使
東郷外務大臣宛て
第一二七二号

大統領「ハル」等ニ対スル正面交渉ノ外大統領ト関係深キ閣僚又ハ同様ノ有力者トモ直接間接ニ連絡ヲ取リ（外務省ト機微ノ関係アリ厳秘トセラレタシ）側面運動ヲ試ミツアル処今日迄ノ進展大体左ノ進
（一）A工作工作者ハ四月大統領ト午餐ヲ共ニシ日米戦争ノ不可ヲ説キ　大統領ガ速ニ〇〇〇ノ「紹介」ヲ為スコトヲ慫慂《しょうよう》シタルモ大統領ハ意中ヲ明ニセズ　工作者ノ言ニ依レバ右ハ大統領ノ常ニ採ル態度ニテ過般大統領ガ「ルイス」ト会見「ストライキ」

ヲ解決シタルモ右工作者ノ献策ニ依ルモノナル由
（二）B工作工作者ハ我方十一月二十六日米案ノ我方ニ有力又ハ無害ナル部分ヲ加ヘタルモノニ多少ノ修正ヲ施シ之ニ対スル「ハル」ノ同意ヲ取付ケ新ニ未案トシテ提出セシメツツアリ
（三）以上両工作関係者ハ何レモ大統領ガ日米妥協案ヲ衷心ヨリ希望シアルヲ伝フル外彼等ハ何レモ「ハル」ノヒトトナリヲ熟知シオリ「ハ」ハ何事ニモ原理論、理想論ヲ振リ廻スハ同人ノ性癖トモ称スベク　而モ之ガ実際的適用ニハ余程寛容ナル点ハ我方ニ於テモ注意ヲ要スベシト述ベオリタリ
以上何等○参考迄（了）」

このようにホワイトハウスにも国務省、議会にも日本側の内通者はいたということである。古来から「忍者の国」であるわが国がホワイトハウスに忍者を仕込まずにいたなどという発想は、東大共産党員歴史閥と共産党擁護マスコミ、日教組特有のものである。

日米交渉における「甲案・乙案」に対する米国政府内の反応も日本側に摑まれていたし、ルーズベルト大統領から昭和超帝へ送られた御親電発出の経緯も把握されていた。

大統領親電ノ経緯

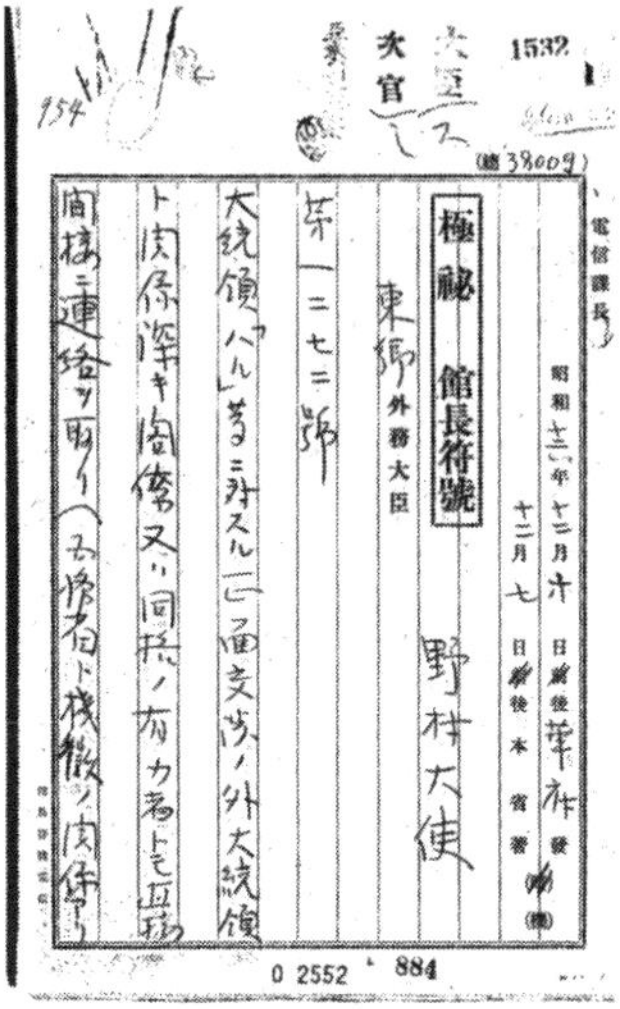
954

1532

昭和十六年十二月六日　華府発
十二月七日　本省着

極秘　館長符號

東郷外務大臣
野村大使

第一二七二號

大統領「ハル」等ニ対スル正面交渉ノ外大統領ト関係深キ閣僚又ハ同様ノ有力者トモ直接間接ニ連絡ヲ取リ（右ハ関係者ト機微ノ関係アリ

0 2552　884

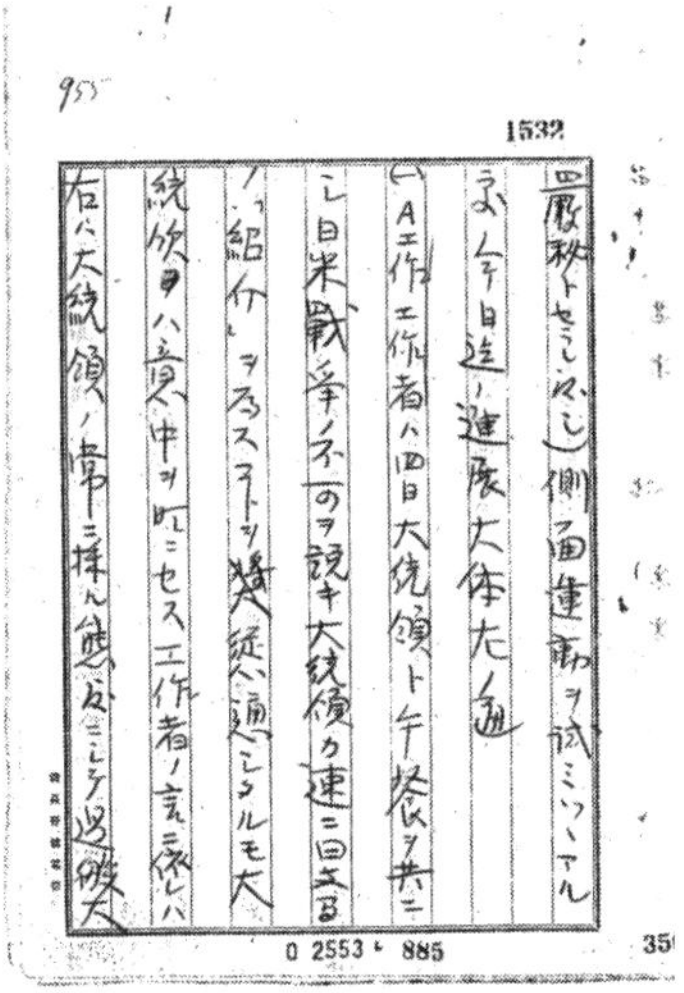
955

1532

厳秘トセラレ度シ）側面運動ヲ試ミツツアル処今日迄ノ進展大体左ノ通

（一）A工作　工作者ハ四日大統領ト午餐ヲ共ニシ日米戦争ノ不可ヲ説キ大統領カ速ニ回答ヲ...ノ紹介ヲ為スコトヲ総経ハ通ジタルモ大統領ハ意中ヲ明ニセス工作者ノ言ニ依レハ右ハ大統領ノ常ニ採ル態度ニシテ必ズシモ悲観ヲ要セス大

0 2553　885

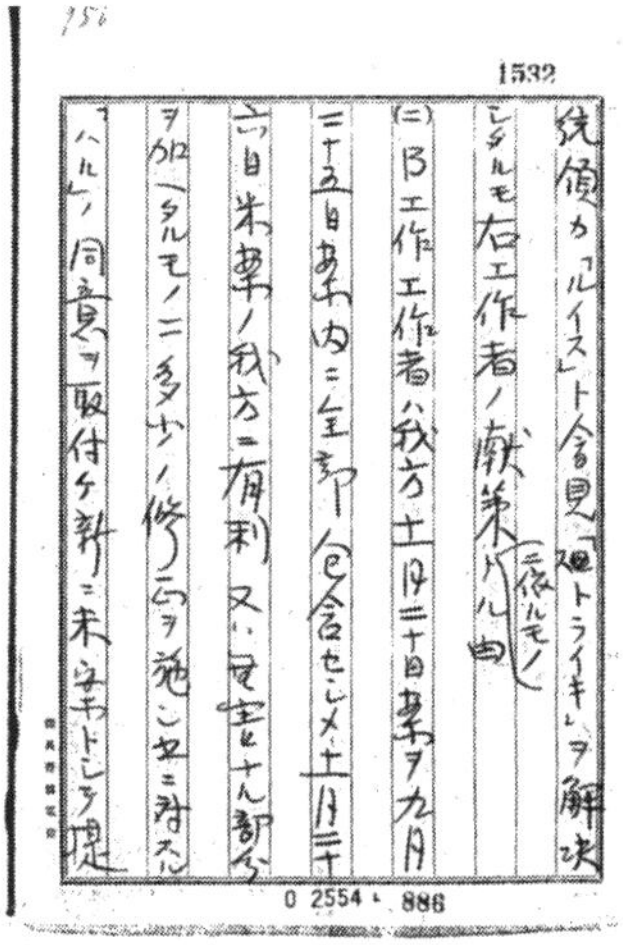
956

1532

統領カ「ルイス」ト會見「ストライキ」ヲ解決セシメタルモ右工作者ノ献策ニ依ルモノナル由

（二）B工作　工作者ハ我方十一月二十日案ヲ九月二十五日案ノ内ニ全部包含セシメ十一月二十六日米案ノ我方ニ有利又ハ無害ナル部分ヲ加ヘタルモノニ多少ノ修正ヲ施シ之ニ対スル「ハル」ノ同意ヲ取付ケ新ニ米案トシテ提

0 2554　886

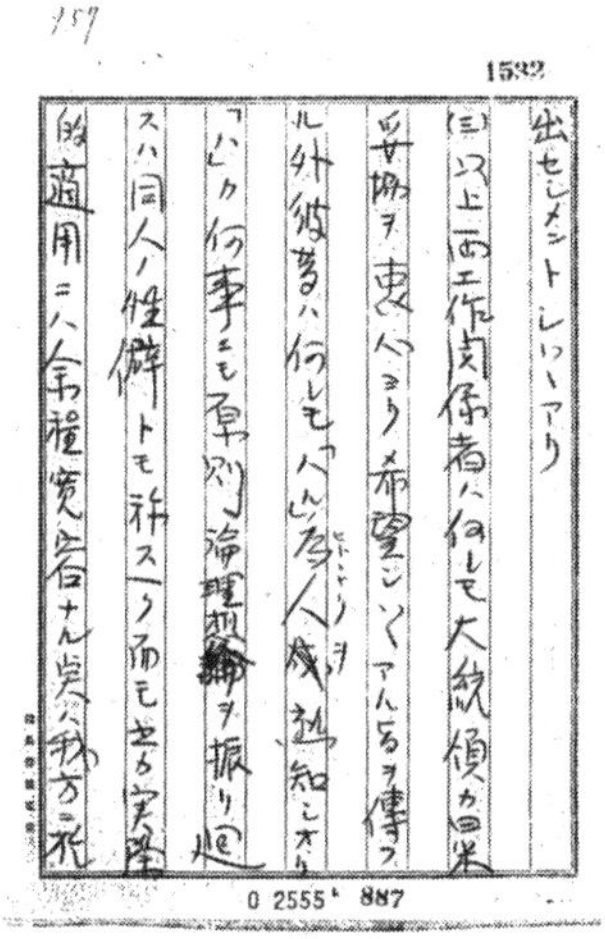
957

1532

出セシメントシツツアリ

（三）以上両工作関係者ハ何レモ大統領カ日米妥協ヲ衷心ヨリ希望シ居ルコトヲ伝フル外彼等ハ何レモ「ハル」ノ為人《ヒトトナリ》ヲ熟知シ居リ「ハル」カ何事ニモ原則論理論ヲ振リ廻スハ同人ノ性癖トモ称スヘク而モ之カ実際的適用ニハ余程寛容ナル点ハ我方ニ於

0 2555　887

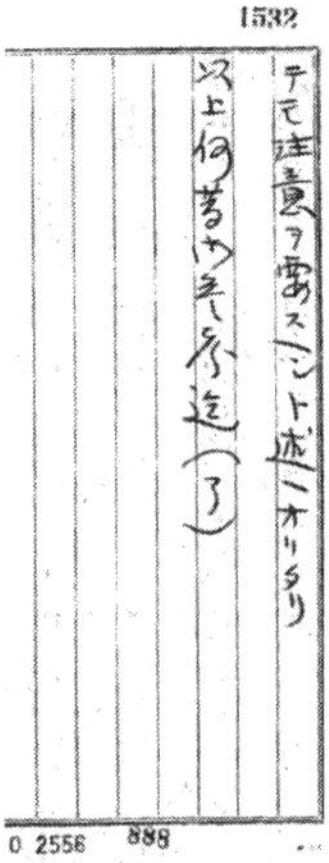
1532

テモ注意ヲ要スヘシト述ヘ居リタリ

以上何等ノ参考迄（了）

0 2556　888

（四）大統領親電ノ経緯ニ関シテハ、勿論之ガ真相ヲ知ルニ由ナキモ、最初本使等ガ多少之ニ似通ヒタル点アル最後的局面打開策ヲ策シ東京関係方面ノ同意ヲ得ルニ至ラズ之ヲ拋棄《ほうき》セル以後ニ於テ、我方トハ全然別箇ニ、一ハ上院議員「トーマス」ノ周囲ニ於テ、二ハ「ジョンズ」師 Rev. E. Stanley Johnes ヲ中心トスル「キリスト」教徒ノ方面ニ於テ此ノ種計画ニ付大統領ヲ動カサント画策シツツアル者アルヲ関知シタルガ、敢テ之ヲ阻止スベキ方途トテナク、遂ニ該大統領親電発送ヲ見ルニ至レルモノナリ。蓋シ恐ラク前記「トーマス」上院議員若クハ「ジョンズ」師ノ画策等ニ胚胎セルモノト推測ス

本使参加後ニ於ケル交渉経過中、主要ナル諸点ハ大体上述ノ通リナルガ、更ニ根本ニ遡リ当時米側ガ果シテ全面的対日関係調整ノ底意ヲ有シ居リタルヤ否ヤニ関シテハ頗ル疑ナキ能ハザルモノアリ。「ルーズベルト」大統領ハ本邦ニ対シ資金凍結及石油禁輸等ノ諸方策ヲ発表セル直前ニ於テ、米国政府ハ過去ニ於テハ石油禁輸ガ日米戦争勃発ヲ誘致スベキヲ慮《おもんぱか》リ之ヲ敢テセザリシ次第ナリト説明シ、暗ニ其ノ直後ニ行ヘル上述経済制裁措置ガ、敢テ日米開戦ヲモ辞セザル決意ニ出デ居ルコトヲ仄《ほのめ》カシ居リ、又本年二月十九日国務省第二次官「パール」氏ガ「デモイン」ニ於ケル演説ニ於テ、米

国政府ハ対日石油禁輸実施ノ当時ヨリ、日本トノ開戦ヲ覚悟シ居リタリ云々ノ趣旨ヲ述べ居ルニ徴スルモ、米国政府ハ少クトモ一九四一年七月下旬以降対日開戦モ亦已ムヲ得ズト覚悟シ居リタルハ大体推定ニ難カラズ。更ニ其ノ後米国側ノ本件交渉ニ関スル意中ヲ公式ニ且最モ明瞭ニ公表セルモノハ我軍ノ真珠湾襲撃ニ関シ構成セラレタル「ロバーツ」査問委員会ノ報告ニシテ、即チ同報告ハ其ノ冒頭「査定事実」findings of fact ノ項中第三節ニ於テ、合衆国ノ太平洋政策ハ他ノ政府（複数）ノ政策ト衝突シ居リ、米国陸海軍ハ右衝突セル諸政策ガ協調セラレザル限リ、太平洋戦争ハ不可避ナルコトヲ自覚シ居リタリ云々ト述べ、次ニ第七節ニ於テ、既ニ一九四一年一月二十四日海軍長官ガ同日附陸軍長官宛ノ書簡ヲ以テ、日米国交ノ危機増大シ、真珠湾ニ在ル太平洋艦隊ノ安全問題ニ付、再検討ノ必要ヲ促ガスニ至レルヲ通告セル旨ヲ述べ、更ニ第八節ニ於テ、一九四一年十二月七日ニ先立ツ数ヶ月間、国務長官ハ単ニ閣議ニ於テノミナラズ軍事参議会　War Counoil ニ於テ、累々陸海軍長官ト接触ヲ保チ、且右接触ノ機会ニ於テ対日交渉ノ進展及日米関係ノ緊張度益々増加シツツアル旨ヲ説述シ居リタルヲ明カニシ、更ニ第九節冒頭ニ於テ、海陸軍省ガ一九四一年十月十六日夫々布哇ニ於ケル海陸司令官ニ対シ、日本内閣更迭ニ基ク日蘇開戦ノ蓋然性、及日本ノ対米英襲撃ノ可能性ニ付通報ヲ与ヘタル旨ヲ述べ、続イテ同節ニ於テ、一九四一年十一月二十七日海軍作戦部長及陸軍参謀総長ハ、夫々布哇ニ於ケル海陸司令官ニ対シ、日本トノ交渉ハ再開ノ望殆ド絶無ナル状態ニ於テ終結セル旨ヲ通告シ居リ、且戦争避ケ難キ場合ニ於テモ、米国ガ先ヅ第一ノ公然タル戦争行為ヲ取ルヲ欲セザル旨ヲ訓令シタリト述ベ居レリ。蓋シ之等ノ諸項ニ徴スルモ、米国ハ夙《つと》ニ我国トノ開戦ヲ覚悟シ居リタルコト明瞭ニシテ、殊ニ米側ガ十一月二十六日附公文ヲ殆ド最後通牒同様ニ取扱ヒ居リタル消息ハ、右報告ニ依リ炳乎《へいこ》トシテ明カナルモノアルニ至レリ。尚、「ロバーツ」報告書ガ開戦ノ際日本ハ先ヅ真珠湾ニ於ケル艦隊ヲ奇襲シ来ルベキコト（第七節）、日本側ガ宣戦布告ヲ俟タズシテ襲撃ヲシ来ルベキコト（第八節）及右襲撃ガ未明ニ来ルベキコト（第七節）等、蓋《けだ》シ米国側ニ於テ予想シ居リタリト説明シ、更ニ日本航空機ノ襲撃ニ先立ツコト約一時間、即チ同日午前六時三十分ヨリ四十五分ノ間ニ米側ガ先ヅ日本小型潜水艦ヲ爆沈セルコトヲ明カニシ、真珠湾ニ於ケル失敗ガ米国ノ内外ニ宣伝スルガ如ク日本側ノ詐謀（「トリッチェアリ」）ニ非ズシテ、米国自身ノ油断タルヲ明カニシ居ルハ洵ニ奇観ナリト言ハザルベカラズ。

　更ニ一方本使の旧友タル前駐蘇米国大使「デヴィス」氏ノ如キハ、十一月末本使ト社交的懇談ノ際、日米関係モ事態今日ニ至ツテハ、双方共ニ譲歩困難ノ立場ニ陥リタルヤニ認メラルルヲ以テ、日米両国ハ結局互ヒニ技術的敵国 technical enemy タルノ外ナカルベシト述懐シタルガ、右ハ恐ラク我国ノ馬来半島及泰国進駐等ニ依リ日米両国ガ国交断絶関係ニ入ルガ如キ可能性ヲ想像ニ描キ居リタルニ基クモノナルベク、我

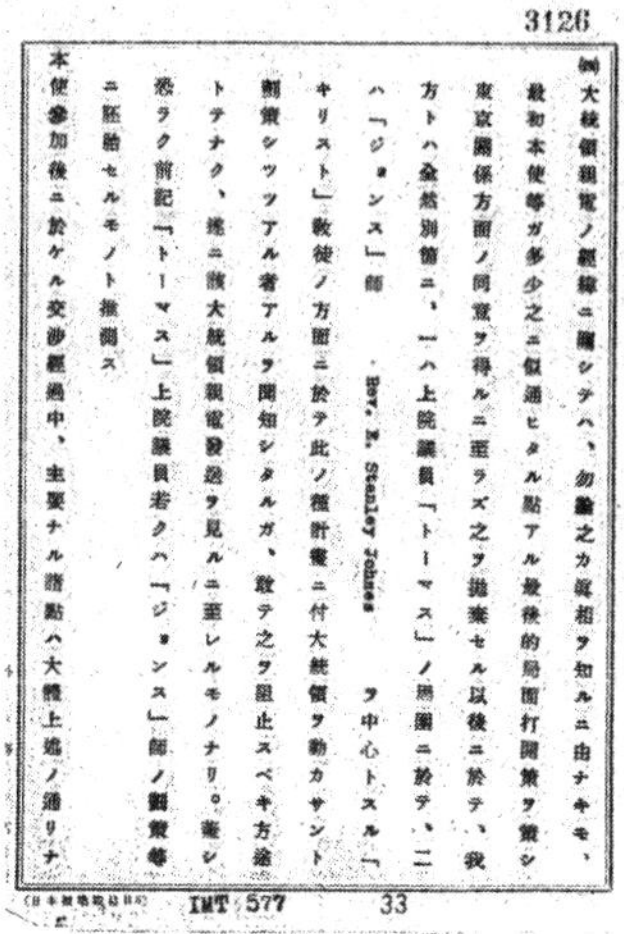
3126

(四) 大統領親電ノ經緯ニ關シテハ、勿論之カ眞相ヲ知ルニ由ナキモ、
最初本使等ガ多少之ニ似通ヒタル點アル最後的局面打開策ヲ策シ
東京關係方面ノ同意ヲ得ルニ至ラズ之ヲ抛棄セル以後ニ於テ、我
方トハ全然別箇ニ、一ハ上院議員「トーマス」ノ周圍ニ於テ、二
ハ「ジョンス」師 Rev. E. Stanley Johnes ヲ中心トスル「
キリスト」教徒ノ方面ニ於テ此ノ種計畫ニ付大統領ヲ動カサント
劃策シツツアル者アルヲ聞知シタルガ、敢テ之ヲ阻止スベキ方途
トテナク、遂ニ該大統領親電發送ヲ見ルニ至レルモノナリ。蓋シ
恐ラク前記「トーマス」上院議員若クハ「ジョンス」師ノ劃策等
ニ胚胎セルモノト推測ス
本使參加後ニ於ケル交渉經過中、主要ナル諸點ハ大體上述ノ通リナ

IMT 577　33

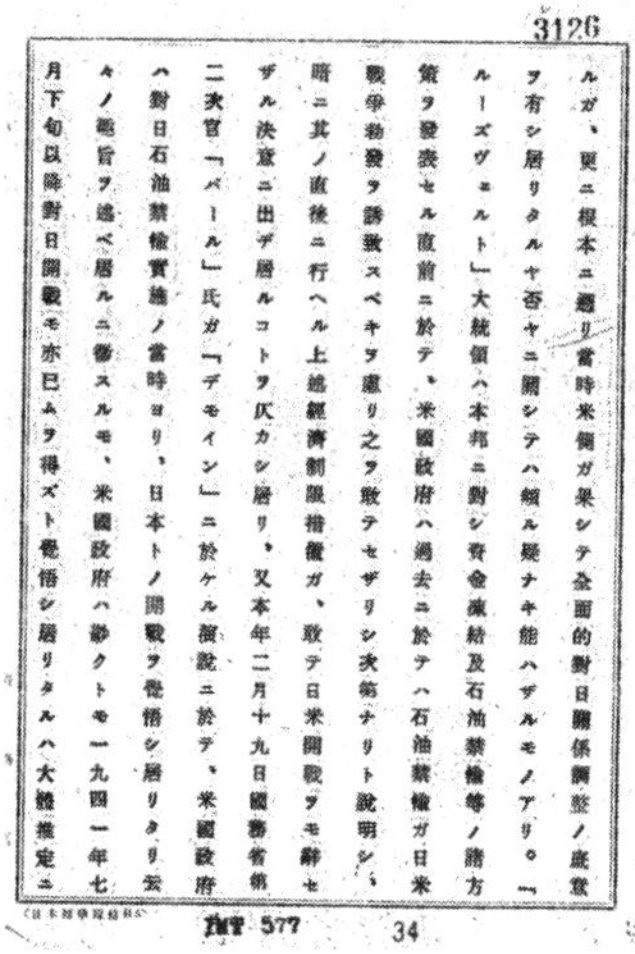
3126

ルガ、更ニ根本ニ遡リ當時米側ガ果シテ全面的對日關係調整ノ底意
ヲ有シ居リタルヤ否ヤニ關シテハ頗ル疑ナキ能ハザルモノアリ。「
ルーズヴェルト」大統領ハ本邦ニ對シ資金凍結及石油禁輸等ノ諸方
策ヲ發表セル直前ニ於テ、米國政府ハ過去ニ於テハ石油禁輸ガ日米
戰爭勃發ヲ誘致スベキヲ慮リ之ヲ敢テセザリシ次第ナリト説明シ、
暗ニ其ノ直後ニ行ヘル上述經濟制限措置ガ、敢テ日米開戰ヲモ辭セ
ザル決意ニ出デ居ルコトヲ仄カシ居リ、又本年二月十九日國務省第
二次官「バール」氏ガ「デモイン」ニ於ケル演説ニ於テ、米國政府
ハ對日石油禁輸實施ノ當時ヨリ、日本トノ開戰ヲ覺悟シ居リタリ云
々ノ趣旨ヲ述べ居ルニ徴スルモ、米國政府ハ勘クトモ一九四一年七
月下旬以降對日開戰モ亦已ムヲ得ズト覺悟シ居リタルハ大體推定ニ

IMT 577　34

国ガ四カ年有余ニ亘ル日支事変ノ為国力劣ヘ、真逆ニ対米開戦ノ途ニハ出デ来ラザルベシト観測セル方面ニ於テハ、右「デヴィス」大使ト同様ノ観測ヲ下シ居リタル者、亦少カラザリシヤニ見受ケラル。

唯茲ニ注意スベキハ「ルーズヴェルト」大統領ヲ囲ム「ニュー・ディール」関係者方面ノ情報、殊ニ右「グループ」中ノ一有力者トシテ知ラレツツアル大審院判

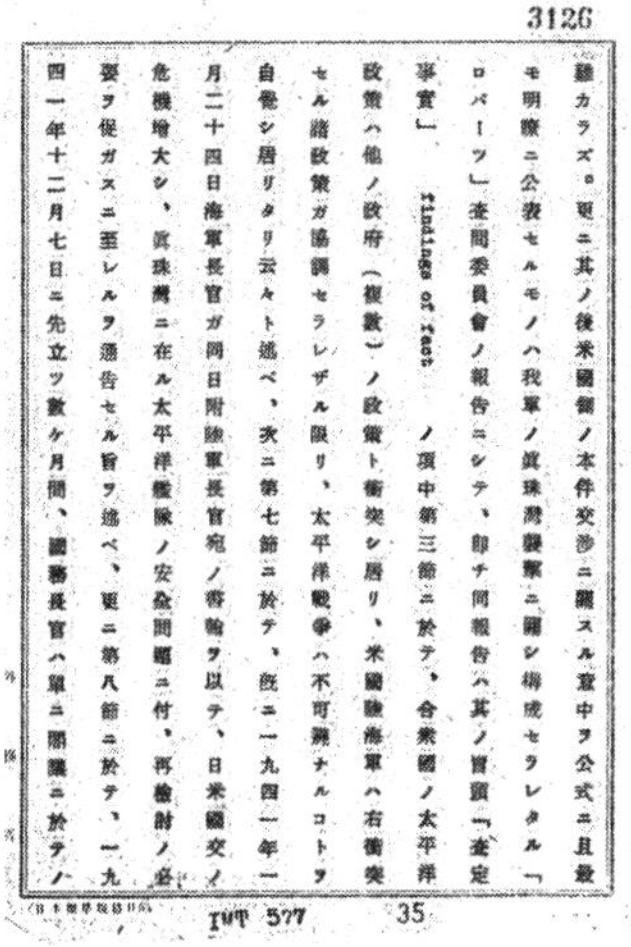
3126

難カラズ。更ニ其ノ後米國側ノ本件交渉ニ關スル意中ヲ公式ニ且最
モ明瞭ニ公表セルモノハ我軍ノ眞珠灣襲撃ニ關シ構成セラレタル「
ロバーツ」査問委員會ノ報告ニシテ、卽チ同報告ハ其ノ冒頭「査定
事實」 findings of fact ノ項中第三節ニ於テ、合衆國ノ太平洋
政策ハ他ノ政府（複數）ノ政策ト衝突シ居リ、米國陸海軍ハ右衝突
セル諸政策ガ協調セラレザル限リ、太平洋戰爭ハ不可避ナルコトヲ
自覺シ居リタリ云々ト述べ、次ニ第七節ニ於テ、既ニ一九四一年一
月二十四日海軍長官ガ同日附陸軍長官宛ノ書翰ヲ以テ、日米國交ノ
危機增大シ、眞珠灣ニ在ル太平洋艦隊ノ安全問題ニ付、再檢討ノ必
要ヲ促ガスニ至レルヲ通告セル旨ヲ述べ、更ニ第八節ニ於テ、一九
四一年十二月七日ニ先立ツ數ヶ月間、國務長官ハ單ニ閣議ニ於テノ

IMT 577　35

事「フランクフルター」氏ノ身辺ヨリ洩レル情報ガ、最初ヨリ交渉ノ帰結ニ付頗ル悲観的ニシテ、日米開戦ハ比較的少キ犠牲ヲ以テ参戦問題ニ付分裂シ居ル国力与論ヲ一挙ニ一致セシメ得ベキ最上ノ手段ナリト信ジ居ル者少カラズト伝シ来リ居リタルハ頗ル注目ニ値ス。

恐ラク右「ニューディール」一派中ニハ日米開戦ニ依リ否応ナシニ米国ヲ完全ナル戦時体勢ニ捲込ミ、其ノ間同派ノ目標トスル国内ノ社会的及経済的革新ヲ実現セシメント劃《かく》策セル者モ或ハ存シタルベク、現ニ開戦後米国ノ採用セル戦時経済施策中ニハ、「ニューディール」的目標ヲ有スル者少カラズ、

前大統領「フーバー」氏ノ如キモ、最近（五月二十日）ノ演説ニ於テ強ク此ノ点ヲ戒メ居ルガ如キ状勢ナリ。

このようにルーズベルトによる御親電発信の背景まで把握していたのである。このような状態であったから、当然国務省内でもハルノートの原案となる対日強硬策（モーゲンソー案）が立案されていたことを日本側が知っていたとしても不思議はない。

外交における情報戦とはすべての情報を暗号によって隠匿すれば良いというものではない。

絶対に秘匿すべき情報と解読されても構わないとする無価値な情報、絶対隠避を装いなが

らも、わざと解読させて、敵国を自国に有利となる方向へ転換させるための偽装暗号電報などもある。実際、米国側も上記の「絶対機密電文」ではなくて、機密度の低い電文は日本側に解読される可能性があることを知っていたようである。

ハルはその回顧録の中でルーズベルト大統領が天皇への御親電を送達するとき、次のように指示したと記している。

「機密度の低い〝灰色電報〟で発信するように、日本側に解読されても構わない」

１０９４ページ目の上から八行目に次のような記述がある。

Dear Cordell:
Shoot this to Grew-I think it can go in gray code[our least secret code]-saves time-I don't mind if it gets picked up.

日本版回顧録の前段では日本側の暗号をすべて解読していたなどと有色人種にたいして優越感に浸っていたかと思っていたら、日本版でも原本でも中段に入ってから「機密度の低い電文は日本側に解読されるかもしれない」と解読されることを恐れている。ハルは日本側の解読能力は機密度の低い「灰色電報」までで、機密度の高い電報は解読されないと考えていたようである。

情報戦とは騙し合いであり、相手の解読能力を逆手にとって幻惑させることも作戦のひとつとなる。情報戦にも実戦と同様に陽動作戦、囮作戦が存在し、それぞれ陽動情報、囮情報と呼称すべきかもしれない。

次に日米間の情報戦の推移について分析する。

結論から言えば、日米の暗号解読戦は日本側の勝利に終わった。

日本側の情報戦における作戦目的は真珠湾作戦の絶対秘匿であり、南方作戦の秘匿は弛緩させ陽動囮情報として米英でも探知解読できる程度に放置した。それゆえ、米英は海南島三亜での日本軍の集結と進発を探知して、日本軍の先制攻撃があったとしても、それは東南アジア地域、または日本本土に近い米領南洋諸島に対してであり、真珠湾への攻撃可能性は低いという思い込みをするにいたった。

また、上記日本側解読のグルー大使宛て極秘電にも記述があるとおり、日本軍の南シナ海での集結状況を把握していたことは明白である。

日本軍による真珠湾攻撃のときに不在であった二隻の空母は、ウエーキ島とミッドウェー島へオアフ島から抽出した防空用戦闘機部隊を輸送するために不在であったという事実を考えると、当時米国政府が真珠湾奇襲を予見していたとは考えられない。南洋諸島地域の米国領島嶼、せいぜいハワイ諸島北端、真珠湾から東北東三千キロに位置するミッドウェー島とウエーキ島への攻撃はあり得ると考えていたことは確かである。だから貴重なる戦闘機部隊を二隻の空母を使って輸送したのである。

米国側から見れば、たしかに日本海軍の規模は脅威に感ずるものではあったが、その活動域は日本海、東シナ海、南シナ海、西太平洋といった東亜大陸の沿海域であり、まさか東部太平洋まで日付変更線を越え、六千キロもの長駆を掛けてハワイまで来るとは思いもよらなかったのである。

ハルが日本側の暗号電文をすべて解読していたとする回顧録におけるハルの発言は嘘である。すべて解読していたならハワイ奇襲も予期していたはずである。ハワイ奇襲を暗号解読から予期しており、なおかつ、先に手を出させて返り討ちに遭わせる「正当防衛」をハルが望んでいたなら、時間稼ぎのためにハルノートを出す必要などなかった。放っておけば日本海軍は十一日後にはハワイを奇襲してくれるわけであるから、南雲機動部隊の進発など知らない振りをしてハルノートを出さないでいた方が良かったはずである。

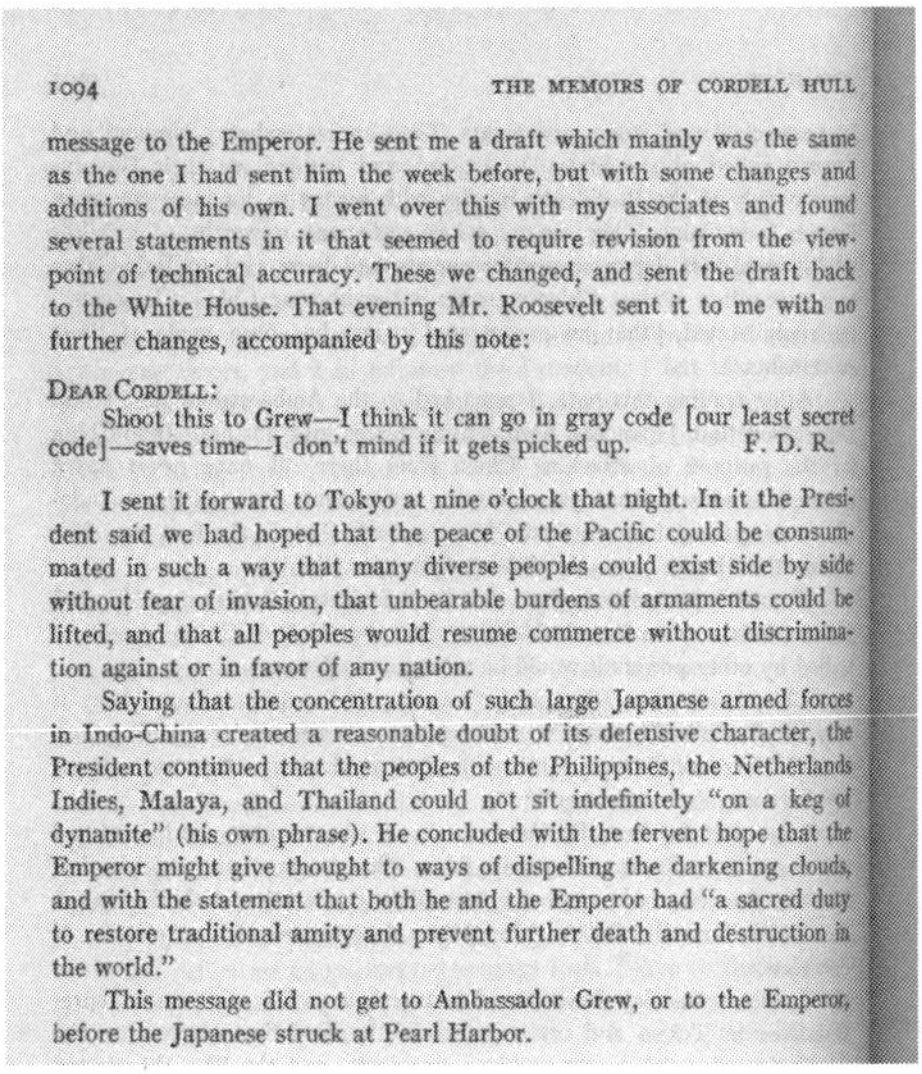
1094　THE MEMOIRS OF CORDELL HULL

message to the Emperor. He sent me a draft which mainly was the same as the one I had sent him the week before, but with some changes and additions of his own. I went over this with my associates and found several statements in it that seemed to require revision from the viewpoint of technical accuracy. These we changed, and sent the draft back to the White House. That evening Mr. Roosevelt sent it to me with no further changes, accompanied by this note:

DEAR CORDELL:
Shoot this to Grew—I think it can go in gray code [our least secret code]—saves time—I don't mind if it gets picked up. F. D. R.

I sent it forward to Tokyo at nine o'clock that night. In it the President said we had hoped that the peace of the Pacific could be consummated in such a way that many diverse peoples could exist side by side without fear of invasion, that unbearable burdens of armaments could be lifted, and that all peoples would resume commerce without discrimination against or in favor of any nation.

Saying that the concentration of such large Japanese armed forces in Indo-China created a reasonable doubt of its defensive character, the President continued that the peoples of the Philippines, the Netherlands Indies, Malaya, and Thailand could not sit indefinitely "on a keg of dynamite" (his own phrase). He concluded with the fervent hope that the Emperor might give thought to ways of dispelling the darkening clouds, and with the statement that both he and the Emperor had "a sacred duty to restore traditional amity and prevent further death and destruction in the world."

This message did not get to Ambassador Grew, or to the Emperor, before the Japanese struck at Pearl Harbor.

もしも、高飛車なるハルノートを発出して、日本側がそれに怖じ気づいて開戦を躊躇したり、または南雲機動部隊が引き返してしまっては「正当防衛」は成り立たず、困るのは米国だからだ。

ハワイ奇襲を予期していなかったから「虚仮威しのハルノート」を発出したのである。もしも予期していたなら「虚仮威しのハルノート」など発出せず、軽微な被害ですむように真珠湾では空母のみならず他の戦艦、艦艇を港外に非難させ、航空部隊は日本軍機を迎え撃つため上空待機させていたはずである。何故そうしなかったのであろうか。ハワイ奇襲など予期していなかったからだ。

ハワイ奇襲を悟られなかったという意味で情報戦は日本側の勝ちであった。

昭和十九年（一九四四）日本軍が負けが混んできてからハルノートを宣戦布告文だと言い出した

ハルはその日本版回顧録で次のように語っている。

「私が一九四一年十一月二十六日（米国時間）に野村、来栖両大使に手渡した提案（十ヵ条の平和的解決案）は、この最後の段階になっても、日本の軍部が少しは常識をとりもどすこともあるかも知れない、というはかない希望をつないで交渉を継続しようとした誠実な努力であった。あとになって、特に日本が大きな敗北をこうむり出してから、日本の宣伝はこの十一月二十六日のわれわれの覚書をゆがめて最後通告だといいくるめようとした。これは全然うその口実をつかって国民をだまし、軍事的掠奪を支持させようとする日本一流のやり方であった」

　この発言も原文にて確認している。

「１０８４ページ下から十五行目の Later on, Japanese propaganda - especially after Japan had begun to suffer serious defeats - tried to distort our memorandum of November 26 by calling it an "ultimatum." This was in line with a well known Japanese characteristic of utilizing completely false pretexts to delude their people and gain their support for military depredations.」

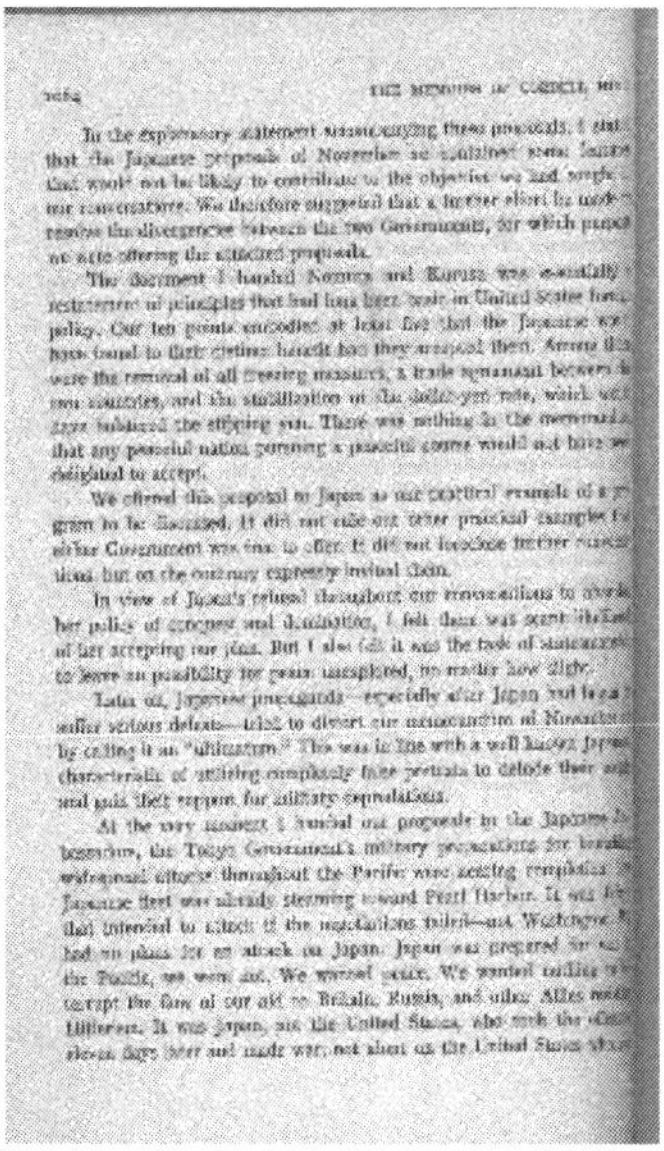

ハル自信が発出したメモ書き

「ハルノート」をただの外交上提案メモにすぎず、開戦に当たっての宣戦布告文ではなかったということは当初日本側も納得していたにもかかわらず、昭和十九年になって日本側が負けが込んでくると、突然ハルノートが開戦を引き起こしたと言いだし、あたかも開戦責任は自分（コーデル・ハル）にあるかのような言説を取りはじめたと書き、負けはじめたら責任をハルに押しつけてきたとして、日本側を卑怯者呼ばわりしているわけである。

ここでもハルは自らを正当化するために大嘘を捏ち上げているのである。何故なら日本側が初めてハルノートの存在を公開したのは手交の翌日である。

以下にウィキペディアから引用する。

当時の新聞報道

11月28日付朝日新聞夕刊には「ハル長官、最後的文書を手交」の見出しで、「ハル国務長官は26日午後の日米会談において日本側に文書を手交したが、右は日米問題の平和的解決に対する米国の態度を要約したものと推測される」「野村、来栖両大使とも…記者団の質問に対してはいっさい口を緘して語らなかった」「各方面とも26日の日米会談再開をもって、恐らく日米交渉の前途を卜するに足る重大意義を有するものとの一致した観測を下している」とある。

11月28日付中外商業新報には「米、原則的主張を飽くまでまげず」との見出しで、ハルが26日に手交した文書について「恐らくは最後的な米側の提案と解されるものである」「米政府スポークスマンの語るところによると、右文書は、『過去ニ、三週間に亘る会談が最高潮に達した事実を表すものであり、…誰でも熟知している或る種の基本的原則に基づいたものである。』とのことであるが、これは米側の提案が依然ある点において過去の原則的主張を頑固に固執していることを示唆するものであり、従って会談の前途はすこぶる楽観を許さざるものと見られる」とある。

また、ニューヨーク27日発の同盟電によれば、「26日夕刻、ハル国務長官が野村、来栖両大使と会見、文書を手交してからは急角度を以って悲観論が圧倒的となり、27日の朝刊各紙は『日米交渉がついに最後の段階に達し、日米関係が和戦いずれかに決定される時が来た』と大々的に報じている」として、「米各紙、悲観論濃厚」としている。

開戦後には、外務省から「日米交渉の経過」が公表された。その中には乙案の全文やハル・ノート全十箇条の大要が含まれており、12月9日付朝日新聞夕刊では「米、中国撤兵と三国同盟死文化に固執」との見出しで報道された（「対米覚書」についても、「日本側、交渉打ち切りの最後通牒を手交」との見出しで全文が掲載されている）。

回顧録でハルは大東亜戦争に関わる記述を避け、あたかも触れたくないようでもある

人は皆自分にとって気恥ずかしい経験を公にすることには気が引けるものである。まして

やその人物が国を動かす重要幹部であり、栄光に包まれた過去を持つ人物であればなおさらである。

アメリカ合衆国国務長官コーデル・ハルの場合、その思いは格別であった。なんとハルは自らは正真正銘の紅毛碧眼たる白色人種であるにもかかわらず、劣等なる有色人種である日本人からただのメモ書きでいいですからと騙され誑かされて、再交渉の叩き台となるべき米国側の要求を全て盛り込んだ紙片（ハルノート）を米政府の審査もなく渡してしまったのである。それを受け取った瞬間、日本側はその紙片を「宣戦布告文書」であると声高に叫びはじめ、まるで鬼の首を取ったかのように歓喜し、以後の交渉を日本側から途絶してしまったのである。日本側が何を目論んでいたかは明らかだ。開戦口実の獲得を目論んでいたのである。開戦口実にできるのなら公式なる条約、協定であろうと、ただの紙切れであろうとどうでも良かった。まるで〝オフレコ破り〟みたいな行いである。このコーデル・ハルの軽率さによりアジア、アフリカの白人植民地では神と崇められていた白人世界に与えた衝撃は前述したとおりである。もう一度繰り返す。

米国務長官コーデル・ハルの軽挙により白人帝国主義者が被った被害

・フィリピン植民地の喪失。

・大英帝国の崩壊（インド、ミャンマー、マレーシア、シンガポール、ブルネイ、パキスタンなどアジア、アフリカ、南アメリカ地域におけるほとんど全ての構成国の独立）

・仏インドシナ植民地の喪失
・蘭東インド（インドネシア）の喪失独立
・欧米植民地主義の崩壊とＥＵの結成
・白人優越主義の崩壊
・人種平等の実現
・欧米植民地の独立による有色人種独立国の増加と国連の拡充
・米国内における黒人解放と黒人大統領の誕生
・核兵器使用という歴史的汚点
・日本軍のシナ大陸からの急激な撤退による軍事空白の発生と国共内戦の再発
・シナ大陸の共産化と蔣介石の台湾逃亡、朝鮮戦争とベトナム戦争の勃発
・共産化による欧米シナ利権の完全喪失

白人たちが数百年にわたって築き上げてきた植民地主義と有色人種奴隷化はすべてこの地球上から消滅し、白色人種の誇りと権威は地獄にまで失墜したのである。そのきっかけを大日本帝国に与えた一人の白人が存在した。その人物の名こそコーデル・ハルであった。

このように、放っておいても人類史に燦然と輝き続ける大失態を演じた人士は、果たしてそのような自分の過去の過ちを回顧録に書き記したいであろうか。否であろう。

ハルはその回顧録の中で大東亜戦争に触れた部分は上記の「昭和十九年（一九四四）日本軍が負けが混んできてからハルノートを宣戦布告文だと言い出した」だけであり、それ以外に触れている箇所はない。

回顧録に書き残せば、その記事は米国国会図書館に永久保存され、未来永劫自身の栄誉を汚すこととなる。それゆえ、大失態には蓋をして隠蔽したのである。そう考えないと辻褄が合わない。有色人種に騙されたなどというみっともない事実を白人の歴史に残してはならない。それが明らかとなれば、米国内の黒人解放運動を勇気づけ、白人の支配的地位が揺らぐからである。

ハルノート戦後評価も「勝った振り詐欺」だった

戦後、ハルノートは本論冒頭で記したとおり、米国が日本側を開戦に追い込むために敢えて突きつけたということが定説とされてきた。

本章ではハルの大失態がなぜ前記のような定説に変換されたのかについて考察する。

結論から言えば、ハル定説とした方が日米双方にとって都合が良かったということである。

終戦とは著者が主張しているように、正確にいうなら「終核戦争」であった。核兵器の使用を米側に止めさせ、負けた振りをしてでも人類文明を破却させるであろう核兵器の通常化を妨げるというのが昭和超帝が下賜された終戦の詔書であった。それゆえ、大日本帝国陸海軍は負けるはずなどないと踏んでいた本土決戦も行わず、武装解除を受け入れた。すなわち、日本国は負けた振りをした、実質的戦勝国であったわけである。一方、連合国はというと、終戦までにアジア七ヶ国が日本軍によって独立ないし独立宣言を行わされ、植民地防衛という戦争目的を喪失した実質的敗戦国であった。日本は疑似敗戦国で実質戦勝国であり、連合国は疑似戦勝国で実質敗戦国であったわけである。

原爆投下によってもたらされた、この勝敗の捻れが、ハルがその後の歴史に於いて「マヌケのピエロ」を演じ続けることから救った。たとえ疑似であれ、戦勝国という立場はハルの大なる過失を「過失ではなく意図的であった」というロジックにすり替えることを可能とした。

「日本を開戦に追い込むために〝ハルノート〟を意図的に発出した」という戦後の定説はこのようにして捏ち上げられたのである。

日本側は野村・来栖両大使と東郷外務大臣という当事者は存命であったから、「騙された癖して、そりゃないだろう」と言いたくもなったであろうが、それを言えば戦犯にしょっ引かれる恐れもあり、口を噤んでしまった。陛下の御名のもと負けた振りに徹しなくてはいけないから、沈黙を貫き通したのである。その結果、ハルは汚名を着せられることから七十五年間逃れることができたわけである。今日までは。

わかりやすく例えるなら次の通り。

ホームレスオヤジ（野村・来栖両大使）がたむろする公園のベンチでの出来事である。ある会社役員（ハル国務長官）は大金入りのトランクケース（ハルノート）をベンチに置いて、自分も座り休んでいた。二人のホームレスオヤジの片方（野村吉三郎）が話しかけてきた。話し上手なオヤジで、役員は褒められ、煽てられ、ヨイショされていい気分であった。話に夢中となり、もう一人の男（来栖三郎）の所作には気がつかなかった。話も終わり、話のうまいホームレスオヤジは帰っていった。役員は会社に戻ろうと立ち上がり振り返って気がついた。ベンチの上に置いてあったはずのトランクがなくなっている。ホームレスオヤジ（来栖三郎）に盗まれたことは明らかだった。

会社に大損害を与えてしまったわけだが、その役員は自分の過失を認めずに、次のように言いくるめた。

「盗まれたのではない、貧乏人に金を恵んであげるためにわざと盗ませたのだ」

本来ならこの失態は役員会、株主総会で糾弾されるべき事案であり、役員は解任されるべきなのだが、会社側（米国）にもその役員（ハル）を首にできない事情があった。その置き忘れ役員は会社オーナーである会長（ルーズベルト）の倅だったのである。そのため、会社としては利益を社会還元したことにして、世知辛い昨今にあって「類い希なる美談」として処理したのである。

さらに会社側はホームレスオヤジ（野村・来栖両大使）の犯罪を問うこともせず、会社への感謝の手紙を書くように裏工作（戦犯訴追脅迫）をした。ホームレスオヤジたちはその金を資金として人生を立て直したことにして、利益還元した会社を褒め称えたのである（東京裁判、WGIP）。この一件はたちまち反日メディア（GHQ、日本共産党、新聞各社、NHK）によって報道され、その結果、会社イメージが好転、株価は上昇し損失した分を遙かに上回る含み益を会社にもたらした（米国の超大国化）。数年後その役員は目立たぬ形で依願退職した（ハルの引退は一九四四年十月三十日〈米国時間〉）。

ハルが辞職するまでに、米国はフィリピン植民地を失い、太平洋ではたった二十七万の日本軍玉砕部隊に消耗戦を強いられていた。また、シナ大陸では日本軍が発動した大陸打通作戦により米支軍は八十万に上る戦死戦傷捕虜を出して大敗北を期していた。

いくら回顧録では勇ましいことを語っていようと、当時の戦況と照らし合わせてみると、日本軍に勝てるという確信などその時点ではあり得なかった。フィリピンと東亜大陸には三百五十万以上もの日本正規軍が布陣し、さらに日本軍が育成した南京政府軍、満洲国軍、モンゴル義勇軍、インド国民軍、ビルマ国軍、ベトナム義勇隊、マレー義勇隊、インドネシア郷土防衛隊などの現地人部隊も白人軍の襲来を待ち構えていた。一九四四年十月の段階で、連合軍は欧州戦線では勝ち進んでいるものの、南太平洋のいくつかの小島を回復しただけで、それ以外は手つかずの状態だった。

ハルは自分の健康状態から辞職を願い出たとしている。しかし、その実態はもう現実から逃げ出したかったのであろうと著者は考える。前述したように大日本帝国が白人国家に与えた衝撃はあまりにも大きすぎた。東亜欧米植民地の全損失という現実にハルは狼狽えるしかなかったのである。しかもそのきっかけとなった「ハルノート」を日本に与えたのは自分自身だったのである。

あまりに迂闊な行動だったゆえ、すぐにでも責任をとって辞職したかったであろうが、ルーズベルトはそれを許さなかった。それからの三年間というものはハルにとって針の蓆だったに違いない。東亜大陸での植民地独立の報、米兵の命の損失を聞くたびに、生来くそ真面目な性格で気の小さいハルは心を痛めたことであろう。なぜなら、そのような白人にとっての悲劇を生起させたのは軽率なる自分の行いだったからだ。

ハルは国連の創設に尽力し、そのことを回顧録でも自慢げに語っている。その功績で引退後の一九四五年にノーベル平和賞を授与されている。

自分の軽率さから、十六世紀以来営々と築き上げてきた〝白人利権〟を完膚なきまでに崩壊させ、アジア、太平洋、インド洋で核兵器使用を含む大殺戮戦を演出してしまったハルにすれば、せめて国連を設立して世界平和の実現に貢献する位しか罪を償う道は残されていなかったのであろう。一九四三年からハルが開始した国連設立運動という平和希求活動は自らの戦争勃発責任にたいする贖罪であった。

ハルは一八七一年十月二日、テネシー州ピケット郡に生まれ、一九五五年七月二十三日にワシントンで死去した。ハルがその罪悪に塗れた人生の幕を閉じるちょうど三ヶ月前、インドネシアのバンドンでは第一回アジア・アフリカ会議（バンドン会議）が開催されていた。大東亜戦争の結果、欧米諸国の植民地支配から独立し、当時の世界人口の五十四パーセントを占めていたアジア・アフリカ二十九ヶ国がこの有色人種のみによる国際会議に参集した。以後、これらの有色人種国家とその後に続々と誕生した有色人種国家が国連の中核を担っていく。現在、国連は約二百の加盟国を有するが、そのほとんどが大東亜戦争中、または後に独立を果たした有色人種国家である。

これは皮肉な見方ではあるが、コーデル・ハルの人生とは有色人種解放のためにあったのではないかと勘ぐりたくなる。自らの過失で日本人を怒らせ、有色人種解放戦争を起こし、その贖罪から国連を創設したが、その国連も有色人種国家に占拠されている。

歴史は時として人に皮肉を演じさせる。ハルが目指した「白人利権」の拡大は、皮肉にも「白人利権」の終焉をもたらした。このように考えるとコーデル・ハルこそが人種平等実現への最大の貢献者に見えてくることこそ「歴史の皮肉」であることは間違いない。

参考：

以下に示す四人の白人は〝白人四馬鹿カルテット〟である。

ルーズベルト米大統領とチャーチル英首相とハル米国務長官は米英によるアジア植民地支

ルーズベルト

ハル

チャーチル

トルーマン

配に関して、侍の国大日本帝国を怒らせ、結果的に世界の有色人種を植民地支配から解放させた。ルーズベルト、チャーチル、ハルは英仏蘭に対し国際的地位の転落をもたらし、さらに支那大陸、北朝鮮、インドシナを共産主義者に与え、さらなる対共産主義戦争に白人国家を巻き込んだ。

　トルーマン大統領は広島長崎に原爆を投下し、二十五万人もの無辜の民を殺戮し、アメリカが、ナチスも負けるほどの残虐国家であることを証明した。これはアメリカの歴史に拭いがたい汚点、原罪を残したことになる。

　以上の上記四人が「白人四馬鹿カルテット」と呼ばれる所以である。

おわりに

戦後七十五年を経て、一体あの戦争は何であったのかというその事実を解明しなくては、人類は先へは進めない。戦後、〝核使用による疑似戦勝国〟という地位を得た新生理念国家である米国は、自国の歴史を正当化するために嘘を嘘で塗り固め、大東亜戦争の真実の歴史を自国に有利なように捏造した。

著者は開戦の直接的原因となった「ハルノート」に関する評価も、当時の米国政権により捏造されたものとみた。それゆえ、前章では「ハルノート従来説」のように米国側が日本を戦争に追い込むために発出されたものではなく、日本側がアジア解放戦争開始の口実を得るためにハル国務長官を誑かして発出させたものであることを明らかとした。

本章ではハル自身がその発出を自身の回顧録で、どのように記述していたのかについて検証した。その結果は、やはり日本側に騙されて発出したという事実を隠蔽し、自己正当化するために「平和的解決のために必要であった」などという、見えすいた嘘をついて正当性を取り繕っていた。しかし、ハルノートがなくては大日本帝国は白人帝国主義に対し開戦することはなかったであろうということを考慮するなら、皮肉な見方ではあるが、コーデル・ハルこそ有色人種解放の立役者であったともいえる。ただし、白人利権の拡大を狙って利権をすべて失った白人にとっては大馬鹿者であったことは間違いない。

第十章

真珠湾攻撃はアジア解放を進めるため陸軍から海軍に要望された奇襲作戦であった

（初出：『國の防人 第十八号』）

真珠湾攻撃はアジア解放のための作戦

昭和十六年十二月八日（日本時間、米国時間では一九四一年十二月七日）、帝国海軍は真珠湾を奇襲攻撃し、米太平洋艦隊を壊滅させたことはよく知られている。ただしその攻撃意図理由については従来説によれば次のように説明されてきた。

「開戦当初に米太平洋艦隊を全滅させることにより、米国民の戦意を喪失させ、米国を屈服させる、または和平を有利に進める」。

右記の攻撃意図に関する解説はあたかも正当性を持つかのような印象を与えるが、熟考するなら、次のような疑念を生じさせる。

「たとえ太平洋艦隊を壊滅させたとしても、米本土は無傷で残り、米大西洋艦隊をパナマ運河を通して太平洋へ回航すれば、太平洋における米海軍力はすみやかに回復してしまう。また、米本土の工業力、人的資源、経済力は安泰である以上、ハワイの艦隊を失う程度の損害で米国民が戦意を失う事などあり得ない」。

結果はどうであったのかというと、真珠湾奇襲により米国民の戦意を喪失させるどころか、戦意を逆に奮い立たせたという現実であった。

戦意喪失を企んで奇襲したが、結果はやぶ蛇となっていたということになると、まるで当時の日本軍はただの間抜けであり、愚かで無様な日本軍という白人優越主義者が小躍りしそうな結論を与える。そのように考えるなら、「戦意喪失目論見論」は戦後になってＧＨＱ、共産党、ＮＨＫ、東大共産党歴史閥、共産党支配メディアによって、日本軍を弱軍に見せかけるために捏造されたプロパガンダ歴史観である可能性が高くなる。アジア解放を掲げて周到な準備の後に開戦に臨んだ旧軍首脳がそこまで愚かであったとは考えられないからである。

筆者は従前より、太平洋島嶼戦はアジア大陸における植民地解放戦争に米軍を寄せ付けないための「陽動囮作戦であった」との論を展開してきたが、今回は真珠湾攻撃こそアジア解放のために「米軍をアジア大陸へ寄せ付けない」ための作戦であったとする歴史資料を発掘したので公開する。

この文書は国立国会図書館から発見された旧貴族院議事録に記載されていた。

レファレンスコード A07050036600：第七十八回帝国議会（臨時）・貴族院議事録（昭和十六年十二月十六日～昭和十六年十二月十七日）より抜粋する。

当時陸軍次官であった木村兵太郎陸軍中将は議員からの質問に対して政府委員として次のように答弁している。

「政府委員（木村兵太郎君）陸軍大臣に代り戦況を報告致しますが……申すまでもなく、今次の作戦は広大なる西太平洋上に於て行われるものでありまするが故に、戦勝獲得の

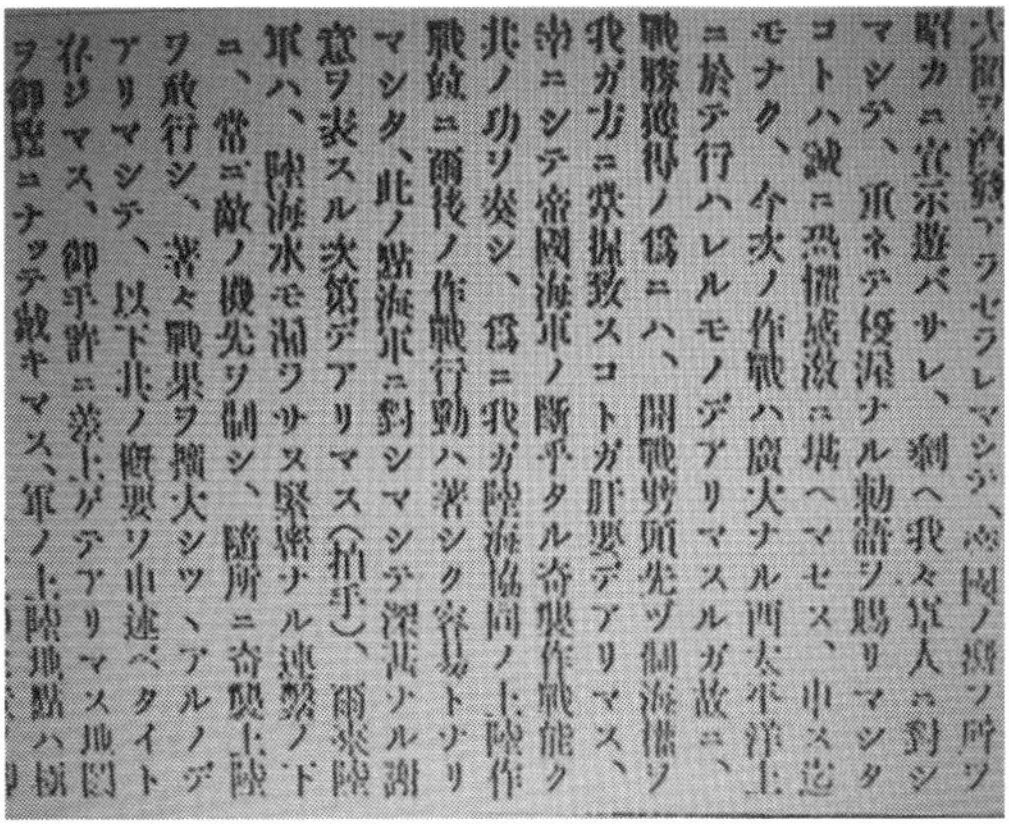
大詔ヲ渙發アラセラレマシテ、帝國ノ執ル所ヲ
明カニ宣示遊バサレ、剰ヘ我々官人ニ對シ
マシテ、重ネテ優渥ナル勅語ヲ賜リマシタ
コトハ誠ニ恐懼感激ニ堪ヘマセヌ、申ス迄
モナク、今次ノ作戰ハ廣大ナル西太平洋上
ニ於テ行ハレルモノデアリマスルガ故ニ、
戰勝獲得ノ爲ニハ、開戰劈頭先ヅ制海權ヲ
我ガ方ニ掌握致スコトガ肝要デアリマス、
幸ニシテ帝國海軍ノ斷乎タル奇襲作戰能ク
其ノ功ヲ奏シ、爲ニ我ガ陸海協同ノ上陸作
戰竝ニ爾後ノ作戰行動ハ著シク容易トナリ
マシタ、此ノ點海軍ニ對シマシテ深甚ナル謝
意ヲ表スル次第デアリマス（拍手）、爾來陸
軍ハ、陸海水モ漏ラサヌ緊密ナル連繫ノ下
ニ、常ニ敵ノ機先ヲ制シ、随所ニ奇襲上陸
ヲ敢行シ、著々戰果ヲ擴大シツヽアルノデ
アリマシテ、以下其ノ概要ヲ申述ベタイト
存ジマス、御手許ニ差上ゲテアリマス地圖
ヲ御覧ニナッテ戴キマス、軍ノ上陸地點ハ概

貴族院議事録

為には、開戦劈頭先ず制海権を我が方に掌握致すことが肝要であります。幸いにして帝国海軍の断平たる奇襲作戦能く其の功を奏し、為に我が陸海協同の上陸作戦並に爾後の作戦行動は著しく容易となりました。この点、海軍に対しまして深甚なる謝意を表する次第であります（拍手）」

またウィキペディアによれば、山本五十六は一九四一年（昭和十六年）一月十四日頃、対米英作戦立案中の第十一航空艦隊参謀長大西瀧治郎少将に書簡を送った。その書簡に応えて大西は一月二十六日—二十七日に戦艦長門（連合艦隊旗艦）に山本を訪ねたが、その場で大西は山本からハワイ奇襲作戦の立案を依頼された。

山本から大西へ送られた前記書簡には次のように書かれていた。

「国際情勢の推移如何によっては、あるいは日米開戦の已むなきに至るかもしれない。日米が干戈をとって相戦う場合、わが方としては、何か余程思い切った戦法をとらなければ勝ちを制することはできない。それには開戦初頭、ハワイ方面にある米国艦隊の主力に対し、わが第一、第二航空戦隊飛行機隊の全力をもって、痛撃を与え、当分の間、米国艦隊の西太平洋進行を不可能ならしむるを要す。目標は米国戦艦群であり、攻撃は雷撃隊による片道攻撃（片道攻撃となってもやむを得ない）とする。本作戦は容易ならざることとなるも、本職自らこの空襲部隊の指揮官を拝命し、作戦遂行に全力を挙げる決意である。ついては、この作戦を如何なる方法によって実施すればよいか研究してもらいたい」。

真珠湾攻撃から八日後、昭和十六年十二月十六日における木村兵太郎陸軍中将による議会証言と山本五十六海軍大将による開戦前における作戦立案動機の吐露から結論出来る事実は以下の通りとなる。

真珠湾奇襲は帝国陸海軍がフィリピン上陸作戦、マレー上陸作戦を円滑に進めるため真珠湾停泊中の米太平洋艦隊に対し先制攻撃を加え、マレー・フィリピン海域へ米海軍が救援に来襲することを不能とさせるための作戦であり、米国民の戦意を喪失させるための作戦ではない。

戦後論壇において吹聴されてきたもう一つの論説に、「真珠湾攻撃が行われることは陸軍には知らされてなかった。この事実は陸海軍の不仲を明確に証明するものであり、旧日本軍の根本的欠陥を示すものである」という説がある。

陸軍もハワイ奇襲を渇望していた

防衛省防衛研究所「開戦直前に於ける作戦立案の経緯（レファレンスコード c15120112500 1557頁二）」に南方軍作戦主任荒尾興功《あらおおきかつ》大佐の発言について次のように記されている。

大東亜作戦準備期間（主として緊急に幕僚を大本営に集合せしめ研究を開始した昭和十六年九月二十五日より大陸命（大本営陸軍部命令）発令までの期間）

「最も問題たりしは「マレー」上陸並に「ジャワ」作戦なり。

全般的より観たる策案の基礎1、

全般的に観て陸軍は海軍の実施する「ハワイ」急襲に対しては絶対に支援したい。

そこで「マレー」作戦には大なる海軍航空母艦の支援を希望する所なるも、之を出来得る限り参加せしめざる如く努力せり。

比島作戦は以前より全面的に研究しあるも、昭和十五年頃の研究に於ても対米作戦は避けたし、故に「南方作戦に方りては対比島作戦は其の側面援護の為（之が為作戦側面の海洋を主として制す）実施し大局を逸せざる如く指導す」の如き考案なり。

大東亜全般の構想として重点は「マレー」作戦に置き「マレー」上陸及「ハワイ」急襲は最初に同時に実施、比島作戦は之に準じ、香港攻撃は「マレー」上陸成功の通達に依り開始す。

荒尾興功大佐の発言を見る限り、大本営陸軍部は海軍が実施予定の真珠湾急襲を開戦前に熟知しており、実行を渇望していたことになる。それ故、戦後になって吹聴されてきた以下の論説「陸軍は真珠湾攻撃を海軍から聞かされていなかった」は全くのでたらめであり、戦後になって旧日本軍を貶めるために捏造されたプロパガンダであることが明らかとなる。

真珠湾奇襲は開戦劈頭において米国民の戦意を喪失させるために実施されたという論説も、陸軍は真珠湾攻撃計画を知らされていなかったという論説も戦後になって旧日本軍を貶めるために左翼メディアによって捏ち上げられたプロパガンダである。

結論

上記の新たなる発掘資料から結論を述べるなら、帝国海軍は陸軍と連携をとりながら、陸軍が実施するマレー・フィリピン上陸作戦を成功させるために真珠湾を奇襲したということである。

第十一章　勝敗指数を定義づけする

（初出：『國の防人 第十八号』『國の防人 第十九号』）

概念「勝敗指数」の必要性について

大東亜戦争まで戦争に負けた歴史を持たない日本人にとって「敗戦」とは一体どういうことであるのかを理解することは難しい。

保守論壇の中にも次のように主張する輩が後を絶たない。

＊降伏文書に調印したから日本は敗戦国である。
＊憲法を改正させられたから日本は敗戦国である。
＊占領されたから日本は敗戦国である。
＊安保条約で米軍が駐留しているから日本は敗戦国である。
＊領土を失ったから敗戦国である。

まるでこれらの保守論人たちは日本敗戦の根拠をどうしても見いだしたいようである。まるで日教組や共産党のように祖国の粗探しに勤しみたいようである。この人たちは本当に保守論人なのであろうか。

日本人は世にもまれな敗戦を知らない国民であった。戦争に負けたことがないから、「敗戦」とは一体なんであるのかについての見識を持ち合わせないのである。その点、敗戦経験を豊富にもつ欧州各国は違う。たとえばポーランド人なら次のような会話が交わされることであろう。

ポーランド人A：「今回の敗戦は手酷かった。この痛手からこの国をどう立ち直らせようか」
ポーランド人B：「酷いと言っても、前回の敗戦よりはマシだったのではないだろうか。前回は国家がなくなり、言葉も変えられた。若者は敵国に徴兵され、敵国兵を守るための弾除けに使われた。そんな前回に比べたら今回のは敗戦とは言えないだろう」

ポーランド人なら今回の敗戦と前回の敗戦を比較することが出来る。しかし敗戦経験を持たなかった日本人は敗戦の程度を客観的に比較することも出来ない。この比較すべき対象を持たないことも日本人が過度の敗戦史観に陥った原因である。それゆえ日本人には日本が大東亜戦争で被ったいわゆる「敗戦被害」なるものがどの程度のものであったのか、またその敗戦被害はいわゆる疑似戦勝国＝見かけ戦勝国・実質敗戦国＝連合国のそれと比較するなら、多かったのか、あるいは少なかったのかを比較するための客観的指標＝勝敗指数が必要となる。

十九世紀、ナポレオン戦争を分析したプロイセンの軍学者カール・フォン・クラウゼビッツは「戦争とは外交の一手段であり、外交目的を相手に強要するために行われる暴力行為である」と規定している。すなわち、外交目的（戦争目的）を達成した国が外交的に勝利した国（戦勝国）となるわけである。

開戦目的を達成した戦勝国は戦後利得を得て、開戦目的を喪失した敗戦国は損失を被る。それゆえ、戦後各国が受けた得失を比較することにより、真の戦勝国と真の敗戦国を見分けることが出来るはずである。

勝敗指数を定義する

本論では勝敗指数を定義する。勝敗指数とは各国が戦争によって受けた様々な得失を数値化して表すものである。

もしも勝敗指数なる式が存在すると考えれば次式で表されるであろう。

左辺Fは勝敗指数を表し、

F ＝ f(x1)+f(x2)+f(x3)+f(x4)+f(x5)------　(1)

（1）式右辺の f(x1) は開戦目的達成度、f(x2) は喪失獲得領土面積、f(x3) は喪失経済規模、f(x4) は法令の強制改変度、f(x5) は体制の強制転換度 ------ などの勝敗要素を表す。

右辺の各勝敗要素について、例えば f(x1) についても各戦争目的の達成度を構成する要素について精査検討された上で数値を決定されるべきであるのだが、そのような作業は煩雑となるだけでなく一般読者にとってあまりに難解なる代物となるであろうから本論では避けることにする。

本論では勝敗要素についての配点範囲は（-10 ～ 0 ～ +10）と（-5 ～ 0 ～ +5）の二段階と

する。国家の存亡に関わるほどの重大な歴史事案については前者とし、そうでないものは後者とする。

本論文における算定方法について一例を記す。

日本の開戦目的

大日本帝国の開戦目的は帝国政府声明（昭和十六年十二月八日午後零時二十分発表）に記載されているとおり、

「東亜の解放独立化による自存自衛の確立」

である。

米国の開戦目的

米国の開戦目的はルーズベルト大統領による一九四一年十二月九日（日本時間）米国議会における演説から明らかとなる。米国の開戦目的は、

「米国領土（フィリピンを含む）の保全と極東から米国に加えられる軍事的脅威の排除」

である。

次に日米両国の開戦目的達成の歴史結果について検証する。

大日本帝国の開戦目的達成度

大日本帝国は開戦中に東亞六ヶ国を独立させ、一ヶ国に独立宣言を行わせた。それゆえ東亞の解放という開戦目的は完璧に達成された。しかし、大日本帝国は戦争の結果、台湾、朝鮮半島、南樺太、千島列島という明治以降に獲得した領土を失った。その面積は三十万㎢である。それゆえ領土保全という意味では自衛を完全には確保できてはいない。アジア解放が十点満点、自存自衛がマイナス五点と計算すれば、大日本帝国の開戦目的達成度に関する勝敗指数はプラス五点と判定される。

米国の開戦目的達成度

米国領フィリピンで米軍はミッドウエー海戦とほぼ同日の昭和十七年六月九日に日本軍に対して全面降伏をしている。そして日本軍により占領されたフィリピンは昭和十八年十月十四日、宗主国米国に対してフィリピン第二共和国として独立を宣言し、その独立は戦後も事実上保持された。それゆえ米国は領土保全という開戦目的を完全に喪失している。

次に「極東から米国に加えられる軍事的脅威の排除」という項目についてであるが、これについても米国は完全に喪失している。理由は以下の通り。

米国は大日本帝国陸海軍を無力化したが、シナ大陸の共産化、朝鮮戦争、第一次インドシナ戦争、ベトナム戦争の勃発は極東からの軍事的脅威の排除という開戦目的達成に米国は失敗したことを示している。それゆえ米国は開戦目的を何一つ達成してはいないから開戦目的達成に関する勝敗指数は最低となるマイナス十となる。

次に領土喪失に関する勝敗指数について考察する。

領土の喪失または獲得を表す勝敗指数について

敗戦被害を表す二項目として日米英蘭仏における各国の領土の喪失を考察してみる。

日本の喪失領土は台湾（三六、一九七㎢）、朝鮮半島（二二〇、九〇三㎢）、南樺太（三六、〇九〇・三㎢）、千島列島（一〇、三五五・六㎢）で合計三〇三、五四五㎢となる。

一方、米国の喪失領土はフィリピン全域で二九九、四〇四㎢となる。

日米双方の喪失領土面積は互いに約三十万㎢で互角となる。

領土喪失は国家にとって重大なる事案であるから、勝敗指数をマイナス十からプラス十までの二十一段階で判定する。日米共に同面積の領土を喪失しているから、両国で同数のマイナス二が適切なる指数とする。一方英蘭仏は全植民地を失い、領土面積の九十パーセント以上を失っているから、指数は最低となるマイナス十とする。

勝敗指数項目の選定について

各要素、すなわち上記式での f(xn) に当たる変数は、戦後（昭和二十年九月三日以降）の事象のみについて検討する。

その国が敗戦したか戦勝したかは、その戦争により、当事国が戦後にどのような得失を得たかによって決定されるはずである。逆を言えば戦後の各国ごとの得失を明らかとするならば、いずれの国が真の戦勝国であるのか、あるいは敗戦国であるのかを特定できることになる。次の各項目について勝敗指数求めていく。（）内は配点数である。

・敵国に占領されたか否か（-10～0～+10）
・元首が殺害されたか否か（-10～0～+10）
・国が消滅したか否か（-10～0～+10）
・戦後、一般国民が虐殺されたか否か（-10～0～+10）
・国家体制を失ったか否か（-10～0～+10）
・戦争目的を達成したか否か（-10～0～+10）
・領土を失ったか獲得したか（-10～0～+10）
・奴隷労働力を失ったか否か（-10～0～+10）
・若者が戦勝国の兵隊として徴集されたか否か（-5～0～+5）
・金目の生産物はすべて敵国に持ち去られたか否か（-5～0～+5）
・国が分割されたか否か（-10～0～+10）
・経済規模が縮小または拡大したか否か（-10～0～+10）

・戦後大戦の影響で新たな戦争が誘引されたか否か（-10～0～+10）
・法令（憲法・法律）、政治制度を変更させられたか否か（-10～0～+10）
・参戦により国の権威を失墜させたか否か（-10～0～+10）
・旧敵国の政治・思想・歴史観を変更させたか否か（-10～0～+10）

日米英蘭仏独ソ支の八ヶ国採点表

日米英蘭仏独ソ支の八ヶ国について採点すると次表の通りとなった。

日本	プラス15
米国	マイナス50
英国	マイナス93
蘭	マイナス98
仏	マイナス98
独	マイナス113
ソ連	マイナス5
中華民国	マイナス115

戦後賠償の評価除外について

対象八ヶ国のうち日本のみに課せられた戦後賠償を評価から除外した。その理由は以下の通り。賠償の主要部分を占める東南アジア各国への賠償は日本が戦中に独立させた各国への「独立祝い金」の性格を有していた。インドネシアの場合、独立に尽力した日本への賠償請求を拒否する動きが大勢を占めていたが、日本側から「賠償金を対オランダ独立保証金へ当てるように」と説得され受け取ったという経緯がある。それゆえ日本による東亜諸国への戦後賠償は賠償というよりも、実質的には独立祝賀支援金、経済技術援助の性格が色濃く、純然たる賠償とはいえない。

「戦後」を定義する

次に、戦後の定義について、ここに記しておく。

降伏文書調印の日は戦争の終末段階であるゆえ、戦後ではなく戦中である。それゆえ今回の評価において降伏文書調印は評価項目には含めない。勝敗指数検証とは戦後に起きた事象を比較することにより、各国の敗戦ダメージを比較し真の戦勝国を割だすことを目的とするゆえ日本が降伏文書に調印した昭和二十年九月二日よりもあと、すなわち九月三日以降に起きた事象を評価項目とする。

勝敗指数の確定と評価項目各項の国別解析

表は評価項目各項と国別評価点を表している。評価点0の国については分析を省略してある。

	敵国に占領されたか（－10～＋10）	元首が殺害されたか
日本	-5 連合軍によって占領されたが、7年間という一時的なものであった。	0
米国	-4 フィリピンが独立勢力によって占拠され、日本軍によって付与された独立を容認せざるを得なくなっていた。	0
英国	-10 インド、ケニヤ、ミャンマーなどの植民地が独立軍によって占拠された。	0
蘭	-10 植民地インドネシアは独立までの4年間独立軍によって占拠され。	0
仏	-10 インドシナ半島アルジェリアなどの植民地で独立戦争が勃発し、大部分が独立軍により占領された。	0
独	-10 西ドイツは米英仏蘭加により、東ドイツはソ連軍により占領され、以後固定化され、分断された。	0
ソ連	0	0
中華民国	－10 共産軍によって占領され、中華民国政府は台湾へ逃亡し、事実上消滅した。	0

国家体制を失ったか (-10 ～ +10)	戦後一般国民が虐殺されたか (-10 ～ +10)	国が消滅したか否か (－ 10 ～＋ 10)
0	0	0
0	0	0
-4 植民地の全喪失により大英帝国が崩壊した。	0	0
-4 蘭領インドネシアを喪失しオランダ植民地帝国は崩壊した。	0	0
-4 植民地の全喪失によりフランス植民地帝国崩壊。	0	0
-10 東西分割により旧国家体制は消滅した。	0	-9 ドイツ国は東西に分割されたためドイツ国は消滅したものと判断する。
0	-2 ドイツ軍の捕虜となり戦後復員した元ソ連兵を「裏切り者」として、強制収容所送りとし多数を虐殺した。	0
-10 シナ大陸の共産化と台湾への逃亡により国家体制の変更どころか事実上消滅した。	-10 大躍進運動、百家争鳴、人民公社化、文化大革命、天安門事件などシナ共産党による大虐殺が発生した。	-10 中華民国政府は台湾へ逃亡し、大陸における主権を喪失し、シナ共産党が主権を確立した。それゆえ中華民国は事実上消滅したと判断することが妥当である。

奴隷労働力を失ったか (-10 ～ +10)	領土を失ったか獲得したか (-10 ～ +10)	戦争目的を達成したか (-10 ～ +10)
0 台湾と朝鮮半島を失ったが、両地域の住民は欧米植民地とは異なり、戸籍と国籍をもつ国民であり、奴隷ではなかった。	-5 台湾、朝鮮半島を失った。南樺太、千島列島についてはソ連領としては認めていない。	+5 欧米植民地を解放したが、一部領土を失った。
-6 植民地住人とは事実上の奴隷である。植民地を失うと言うことは奴隷を失うことを意味している。	-5 植民地フィリピン領土を失った。	-10 植民地の防衛という戦争目的を達成できず、全ての植民地を喪失し、さらに、極東からの軍事的脅威の排除に失敗した。
-10 植民地住人とは事実上の奴隷である。植民地を失うと言うことは奴隷を失うことを意味している。	-10 海外植民地のほぼ全てを失い、領土の98%以上を喪失した。	-10 植民地の防衛という戦争目的を達成できず、全植民地を喪失した。
-10 植民地住人とは事実上の奴隷である。植民地を失うと言うことは奴隷を失うことを意味している。	-10 海外植民地のほぼ全てを失い、領土の98%以上を喪失した。	-10 植民地の防衛という戦争目的を達成できず、全植民地を喪失。
-10 植民地住人とは事実上の奴隷である。植民地を失うと言うことは奴隷を失うことを意味している。	-10 海外植民地のほぼ全てを失い、領土の98%以上を喪失した。	-10 植民地の防衛という戦争目的を達成できず、全植民地を喪失。
0	-10 旧ドイツ領のうち東部をポーランドに割譲され、プロイセン発祥の地であるカリーニングラードをロシアに割譲された。	-10 戦争目的であった東欧ソ連の植民地化に失敗した上、国家が消滅した。
0	+1 バルト3国、カリーニングラード、旧ポーランドの東半分、を新たな領土に編入した。南樺太、千島列島については領土として認められていない。	+7 国土防衛には成功したが、占領した東欧諸国を衛生国家として抱え、その財政負担に耐えられず45年後に国家が消滅した。
0	-10 シナ大陸をシナ共産党に奪われた。	-10 日本軍を排除したが、共産軍に占領され、自らは台湾島へ逃亡した。

国が分割されたか（-10 ～ +10）	金目の生産物を敵国に持ち去られたか（-5 ～ +5）	若者が戦勝国の兵隊として徴集されたか（-5 ～ +5）
-5 台湾、朝鮮半島喪失により分割された。	0	0
-5 植民地独立により分割された。	0	0
-10 植民地独立により分割された。	-10	0
-10 植民地独立により分割された。	-10	0
-10 植民地独立により分割された。	-10	0
-10 西ドイツと東ドイツに分割された。	-7 ソ連軍は占領した東ドイツから工場設備と技術者を持ち去った。	-10 東西ドイツに分割され、それぞれのドイツ人兵士は東西国境で対峙するように仕向けられた。
0	0	0
-10 シナ本土（中共）と台湾（国民党）に分裂した。	0	-10 国共内戦の勃発によりシナの若者は兵士として互いに敵対させられ、殺し合った。国共内戦で共産側に寝返った蔣介石軍の兵隊は信用できないとして朝鮮戦争に投入され全滅させられた。

戦後、大戦の影響で新たな戦争が誘引されたか (-10 ～ +10)	経済規模が縮小か拡大か (-10 ～ +10)
0	+10 独立したアジア各国は日本が必要とする資源をふんだんに供給してくれたため、高度経済成長に突入した。
-10 朝鮮戦争、ベトナム戦争が勃発した。	0
-5 植民地独立戦争、暴動が発生した。	-10 植民地喪失により経済は縮小した。
-10 植民地独立戦争、暴動が発生した。	-10 植民地喪失により経済は縮小した。
-10 植民地独立戦争、暴動が発生した。	-10 植民地喪失により経済は縮小した。
0	-7
0	0
-10 国共内戦が勃発した。	-10 シナ本土喪失により経済は縮小した。

り国の権威を失墜させ ～ +10)	法令（憲法・法律）、政治制度を変更させられたか (-10 ～ +10)
+10 アジア解放により、人種平等を実現、植民地主義、白人優越主義、奴隷主義を崩壊させた。注：南京虐殺、バ	-5 憲法その他の法令を改正させられた。
-10 原爆投下、無差別爆撃により、一般民間人虐殺という戦争犯罪を犯した。	-5 （1）日本軍によるフィリピンの独立強要は米国に対しフィリピン関連法の修正及び廃棄も強要した。（2）アジアの解放はアフリカの解放、アフリカの解放は米国黒人の解放へとつながり、一九六五年公民権法（人種平等法）施行へと繋がった。（三）冷戦の勃発によりNATOを発足させざるを得なくなった。
-10 戦後植民地の回復を企み、独立運動を弾圧した。	-9 日本軍による植民地の独立強要は英国に対し植民地関連法の修正及び廃棄も強要した。
-10 戦後植民地の回復を企み、独立運動を弾圧した。	-9 日本軍による植民地の独立強要は蘭国に対し植民地関連法の修正及び廃棄も強要した。
-10 戦後植民地の回復を企み、独立運動を弾圧した。	-9 日本軍による植民地の独立強要は仏国に対し植民地関連法の修正及び廃棄も強要した。
-10 占領地においてユダヤ人、ロマ人、スラブ人を大量虐殺した。	-10 連合国による国家分割は関連法の立法、修正及び廃棄を強要した。
-10 占領地において略奪、強姦、虐殺を行ったほか、復員した自国民捕虜まで裏切り者として虐殺した。	-4 冷戦の勃発によりワルシャワ条約機構を発足させざるを得なくなった。
-10 シナ大陸の国民を見捨てて台湾へ逃亡。シナ大陸では共産党による住民虐殺が発生し、逃亡先の台湾では反	-10 台湾逃亡による国家分裂は関連法の立法、修正及び廃棄を強要した。

合計	旧敵国の政治・思想・歴史観を変更させたか（-10～+10）	参戦によ…たか（-10
+15	+10 アジアの解放はアフリカの解放、アフリカの解放は米国黒人の解放へとつながり、1965年公民権法（人種平等法）施行へと繋がった。	ターン死の行進などは捏上げであることが判明している。
-50	+5 日本に対し憲法の改正、土地改革、教育制度の改変、WGIPによる自虐史観刷り込みに成功したが、自国民も過度な戦勝史観で洗脳した。	
-93	+5 日本に対し憲法の改正、土地改革、教育制度の改変、WGIPによる自虐史観刷り込みに成功したが、自国民も過度な戦勝史観で洗脳した。	
-98	+5 日本に対し憲法の改正、土地改革、教育制度の改変、WGIPによる自虐史観刷り込みに成功したが、自国民も過度な戦勝史観で洗脳した。	
-98	+5 日本に対し憲法の改正、土地改革、教育制度の改変、WGIPによる自虐史観刷り込みに成功したが、自国民も過度な戦勝史観で洗脳した。	
-113	0	
-5	+3 占領した東ドイツを共産主義体制に変革させた。	
-115	+5 日本に対し憲法の改正、土地改革、教育制度の改変、WGIPによる自虐史観刷り込みに成功したが、自国民も過度な戦勝史観で洗脳した。	発する台湾住民を虐殺した。

評価結果について

１　戦勝国英仏蘭支と敗戦国ドイツの稀少差

まず注目すべきは戦勝国であった英仏蘭支と敗戦国ドイツの差が予想したよりも小さいことである。英国・マイナス93点、仏蘭・マイナス98点、支・マイナス１１５点、ドイツ・マイナス１１３点であり、その差は20点しかない。あの大戦におけるナチスの蛮行で悪名高いドイツと英仏蘭の戦後損失はさほどの差異がないということである。植民地の全喪失、独立戦争への鎮圧戦を行えばこのような結果になるということである。ドイツは元々植民地を持たなかったゆえ植民地喪失による被害を免れたということである。

植民地の喪失は領土損失（英仏蘭支各国の領土喪失面積は九八〜九九％に上る）、経済損失、国家威信の喪失、奴隷労働力の喪失など様々な面から旧宗主国に損害を与えることが明らかとなった。植民地を失った国家に「戦勝国」を名乗る資格など無いことが明らかとなった。

2　日本よりも米国の方が負けていたという事実

戦勝国であるはずの米国の勝敗指数はマイナス50で敗戦国であるはずの日本・プラス15よりも低い。この主たる要因はやはり植民地の喪失であるが、戦時国際法違反となる核兵器を使用した事による国家威信の喪失も大きい。原爆の使用は米国の国家理念を喪失せしめ、同じく一般市民を虐殺したナチスドイツと同じ立ち位置に自らその身をおとしめるという結果を招いた。その一方で日本はアジア植民地を解放独立せしめ、人種平等を実現し、奴隷主義と白人優越主義を崩壊せしめた。その結果、戦後の日本は独立したアジア、中東、アフリカ諸国から産業資源を自由に買い求める事が可能となり、独立した各国は日本製品を宗主国に気兼ねすることなく買い求めてくれた。戦後日本の地域別貿易額の推移を見ると亜細亜地域は北米と並ぶ巨大マーケットとなっていた。大東亜共栄圏は事実上確立され、日本は高度成長経済へと突入した。この事実が〝敗戦国〟日本にたいして高い勝敗指数を付与したのである。勝敗指数の定義づけと採点結果は実質的戦勝国はどの国であったのかを明確に示している。戦勝国は日本だったということである。さらに日本が戦勝国であったという事実は東京裁判史観をそのよりどころとするサンフランシスコ体制にも疑問を投げかける。

サンフランシスコ講和会議体制（サンフランシスコ体制）ではなく東京大東亜会議体制（東京体制）である

日本が遂行した上記事象、すなわち植民地解放独立、人種平等実現、奴隷主義崩壊、白人優越主義瓦解は戦後の世界秩序を確定せしめたわけであるが、そうであるとするならば、世界の戦後体制を構築したのはカイロ宣言・東京裁判史観を土台とする「サンフランシスコ体制」ではなく、東京大東亜会議によって採択された大東亜宣言に基づく「東京体制」である。東京体制の正当性は昭和三十五年四月十八日に開催されたバンドン会議によって追認されたと考えるべきである。

サンフランシスコ体制など日米間にしか通用しないローカル体制であるが、東京体制は世界の植民地を独立させた以上、人類にとって普遍的価値を有する体制である。その普遍的価値は疑似戦勝国であるアメリカまでも飲み込むこととなった。一九六五年における公民権法の施行と二〇〇八年における黒人大統領の誕生がその証である。戦勝国といえども東京体制から逃れることは出来なかった。実質的敗戦国だから米国は東京体制の波及から身を守ることが出来なかったわけである。

今回著者は東京大東亜会議体制＝東京体制なる新語を造語したがこれについては別の機会に詳述しようと思う。

あとがき

筆者は従前より「戦勝国は日本だった」と主張してきた。その理由は日本のみが開戦目的である植民地の解放を実現し、連合国は植民地を守るという戦争目的を達成していなかったからである。今回勝敗指数を規定して数値化してみると実質戦勝国である日本の姿が浮かび上がってきた。「戦勝国は日本だった」という主張が正しかったことが定量的に証明された瞬間であった。一九六〇年十二月十四日、国連総会は「植民地と人民に独立を付与する宣言（決議一五一四）」を採択した。この宣言は、外国による人民の征服、支配および搾取は基本的人権を否認するもので、国連憲章に違反すると規定した。すなわち国連自体が大日本帝国が目指した植民地の解放と独立を是認し、人種差別、植民地主義、奴隷主義を悪と定義づけたのである。大日本帝国が帝国政府声明に明記した開戦目的「アジアの解放と独立」の正当性は二十年を経ずして国連がその正当性を認めたことになる。この現実は東京体制こそが戦後世界秩序の骨格を作っていることを実証し、やはり戦勝国は日本であることを証明している。なぜなら敗戦国が後の世界秩序を提供することなどあり得ないからである。

第十二章　沖縄左翼に反駁する

（初出：『國の防人 第二十三号』）

沖縄問題について私見を述べさせて貰う。最初に沖縄左翼が本土日本に対して突きつけてきた糾弾項目について下記のごとく著者なりに反論しておく。

本土糾弾その１：「沖縄は大東亜戦争で本土防衛の捨て駒にされた」

捨て駒であったなら、二千機以上の特攻機を繰り出し、虎の子の戦艦大和まで特攻させる必要はない。

戦争で犠牲になったのは沖縄県民だけではない。広島、長崎、東京、大阪、名古屋など、本土空襲で亡くなった一般市民は沖縄県民の何倍もいる。地上戦が行われたのは沖縄だけだと言うなら、サイパン島民はどうなるのか？　千島樺太は？　満洲は？　いずれも地上戦が行われ多くの市民が亡くなっている。沖縄だけが犠牲になったなどと言うのはただの〝戯れ言〟である。

本土糾弾その２：「日本軍は沖縄県民を盾とし弾よけに使った」

弾よけに使ったわけではない。日本軍の疎開命令を無視して島南部に居残った一部沖縄県民が保護を求めて日本軍につきまとったから犠牲となった。

当時日本政府は島民疎開作戦を実施した。九州へは延べ百八十七隻の船で六万人、日本軍が布陣せず戦闘地域にはなり得ない島北部へは十五万人が疎開し、戦禍を免れた。島南部で犠牲になった島民は疎開を拒否した島民である。

残留した県民の保護は沖縄県警が担当するはずだったが、米軍が上陸すると警察は蜘蛛の子を散らすように逃亡したため、陸軍憲兵隊が一部の残留島民を安全地域へ誘導した。その後、憲兵隊は陸上戦に投入され玉砕した。戦後になると沖縄左翼はその憲兵まで残虐であったと糾弾した。

沖縄戦の象徴的シーンとして、幼女が白旗を掲げて米軍に降伏するシーンが放映されるが、著者はその場面を見るたび不思議に思ったものである。

「なぜ、幼子が戦闘地域に残っているのだろうか」と。

理由は簡単である。親が疎開を拒否したから子や孫も居残っていたのである。東京都民は帝都防衛のため疎開することを許されなかったが、それに比べると沖縄は恵まれていた。

サイパン島民も、樺太住民も地上戦の犠牲になった。しかし、沖縄県民と違うところは、生存者が何一つ文句を言っていないことである。それどころか郷土防衛に非力であったことを陛下に詫びる人士までいる。沖縄左翼とは真逆である。

著者が住む北海道には樺太千島の生き残り将兵、引き揚げ者が多く住んでいる。しかし沖縄左翼のように戦渦に巻き込まれたのは「本土政府のせいだ」などと罵る者を見たことがない。引き揚げ者は自分の故郷を追われたのに、である。この人たちからすると、故郷を追われていない沖縄左翼はまだマシであり、故郷を失っていないのに、なぜ文句ばかり言っているのか、理解しがたいことであろう。

本土糾弾その3：「全国の基地の七十パーセントが沖縄にあり、沖縄だけが基地負担を強いられている」

沖縄左翼は事あるごとに「全国の基地の七十パーセントが沖縄にある」として、その不条理を訴え、基地という疫病神に取り憑かれているかのように喧伝する。

いち道産子として著者が疑問に思うことことがある。

「基地の存在が疫病神であるなら、自衛隊基地に囲まれて暮らしている我々道民はどうなるのだ」。

札幌を中心として半径四十キロ以内に自衛隊の基地は、航空自衛隊が四カ所、陸上自衛隊が七ヶ所もある。そのうち、札幌市東区丘珠飛行場に駐屯するのは陸自のヘリコプター部隊で、丘珠周辺は普天間と同じ住宅密集地となっている。札幌市上空では陸自のヘリコプターがいつも飛んでいる。しかし、札幌市民に危険だから飛行を止めろとか、基地を撤去せよなどと要求する輩は左翼にも見当たらない。

我々北海道民はその開闢以来、ロシアの南下を北海道で食い止めるため配置された屯田兵の末裔である。屯田兵団はその後帝国陸軍第七師団へ改編され二百三高地、ノモンハン、ガダルカナル、沖縄、占守島などの激戦地へ投入された。

沖縄県民は「七十パーセントの基地を負担している」と言うが、調べてみるとこれは正確ではない。

正確には米軍専用基地の七十パーセントが沖縄にあるということであり、日米共用施設まで含めると最大面積を提供しているのは北海道であり、全体の三十三・五五パーセント、沖縄は二番目で二十二・六八パーセントである。

沖縄県民が数字を操作して、犠牲者ぶっているのは明かである。沖縄のみが基地の犠牲になっているわけではない。沖縄のみが犠牲になっているわけではない以上、沖縄県民に同情したり、特別に感謝する義理などどこにも存在しない。

本土糾弾その４：「日本兵は沖縄県民を虐殺した」

沖縄県民による発言の中に北海道民にとって聞き捨てならないものがある。それは、「日本軍による虐殺行為があった」というものである。沖縄戦には多くの旭川第七師団将兵が参加し、その多くが犠牲となった。一万四千人が出征し、一万八百人が戦死、うち八百名がアイヌ兵。

私が子供の頃、近所の遊び仲間の父親（三上さん）が沖縄戦の生き残りで、ビルマ帰りの私の父とよく戦争談義をしていた。その中で印象的だったのは、米兵に迫撃砲を撃ち込むとき、砲弾が直上の木の葉に当たって炸裂し、戦友を失ったということである。また、住民が日本軍の移動に随行してくるため、米軍と戦うよりも県民の保護の方に気を取られ、まともな戦いなどできなかったということである。その住民の中には、チョコレート欲しさに日本軍の居場所を米軍に通報するスパイがいたということだった。

子供の頃の私は、なぜ三上のおじさんが遙々沖縄へ出征したのかわからなかった。沖縄で戦った日本軍将兵の三分の二が本土出身者であったことを知ったのは学生時代である。

沖縄県民が言うとおり「日本軍による虐殺があった」のなら、その下手人は三上のおじさんやその戦友達だったのだろうか？　しかし、いつも子供たちに優しかった三上のおじさんが虐殺犯であるはずはないと思っている。

沖縄県民は、自分たちを守るためにわざわざ本土から馳せ参じた将兵を、戦後になってから、本人たちが戦死して発言できないことを良いことに、虐殺者呼ばわりしている。死者にむちを打っているのだ。自分たちを救援するために他県から駆けつけ戦死した将兵を、戦後になって罵っている県は沖縄を置いてほかにない。

樺太、千島でも多くの住民が戦禍に巻き込まれ、家族を失ったり、シベリア虜囚の憂き目に遭い、故郷を追われた。しかし、彼らが口にすることは、日ソ中立条約を一方的に破って参戦したソ連への非難であり、日本政府への非難ではない。ましてや沖縄のように、天皇まで侮辱する者など視たことがない。樺太には戦艦大和も特攻隊も来てくれなかったのに、である。

空を見上げると、二筋の飛行機雲が北へ向かって、先を争うように伸びていく。千歳の第2航空団所属のF15戦闘機が一目散に北の空へ向かっている。スクランブル発進である。時には超音速衝撃波が札幌市内でも「ドーン」と聞こえることがある。それを見て、沖縄県民のように「音がうるさい、危険だ」などと文句を言う札幌市民に出会うことはない。うるさいどころか、領空侵犯するロシア機を追い払いに行く空自パイロットには感謝の念しか沸いてこない。

米軍が駐留している限り、沖縄に上陸しようなどという外国軍隊はないであろう。防衛面を考えると、沖縄は北海道以上に完璧である。

沖縄は本土防衛の犠牲になっていると沖縄左翼が主張するのであれば、それに対する答えは簡単である。

沖縄を独立させて、あとは自活自営すればよい。ぜひ、そうしていただきたい、誰も止めませんから。本土出身の英霊を冒瀆し、国防に寄与できないなら、日本からいなくなれということだ。

第十三章

『アメリカの鏡・日本』と東郷茂徳判決にみる日本側偽装平和外交の証拠

（初出：『國の防人 第二十四号』）

著者と本章共著者の田畑雅章は、ヘレン・ミアーズ（Helen Mears）女史の著作『アメリカの鏡・日本』（原題：Mirror for American:Japan）と東京裁判における東郷茂徳元外相にたいする判決文の中に大東亜戦争が日本側の主体的意思によって開戦されたことを決定づける証拠文献を見いだしたので報告する。

『アメリカの鏡・日本』に記載された開戦経緯の見解

終戦直後の米国議会では真珠湾攻撃にいたる日米間の開戦経緯について検証が行われていた。その検証の結果、多数の議員に支持された見解（多数派意見）と少数議員に支持された見解（少数派意見）に分かれたと『アメリカの鏡・日本』巻末資料に記されている。その当該ページ（P422-424）の写真を掲載するので参考にされたい。

両意見の要旨を以下に紹介する。

1　多数意見

＊在米日本大使（野村吉三郎、来栖三郎）は二枚舌外交を駆使して、偽装平和外交を展開し、あたかも日本は戦争を望まないかのごとく振る舞い、その裏で真珠湾攻撃の準備を進め、奇襲を実行した。

＊米国側は日本との外交交渉を真摯に行い、その推移につては米陸海軍に逐一報告しており、交渉の不調から軍事的解決へ至る可能性についても軍に報告していた。

＊米国側が意図的に日本を欺瞞、挑発し開戦へ追い込んだという証拠を発見することはできなかった。

＊大統領、国務長官、政府高官は日本との戦争を回避するために、我が国の名誉を犠牲にし安全を危険に陥れない極限のところまであらゆる努力を払った。

な欺瞞と歪曲を口にできるとは、今日の今日まで考えもしなかった！」

パールハーバー報告（上下両院合同調査報告）

一九四六年七月

多数意見

1　パールハーバーに対する一九四一年十二月七日の攻撃は、日本帝国による一方的侵略行為であった。この許すべからざる攻撃は、日本大使が日本特有の二枚舌の訓令に基づき、太平洋問題の友好的解決をはかるがごとく合衆国政府との交渉を装う一方で、計画され実行されたものである。

3　合衆国の外交政策と行動は、日本のわが国への攻撃を正当化できるいかなる挑発も仕掛けるものではなかった。国務長官は陸・海軍両省に外交交渉の経過について逐一報告していた。そして、両省に対し日米関係が外交交渉の段階を過ぎ、軍に委ねられるべきところまできていることを、時間的余裕をもって明確に告知した。

4　公聴会の前から、大統領、国務長官、陸軍長官、海軍長官は、宣戦布告の議会承認を得やすくするため、日本を欺瞞し、挑発し、刺激し、たぶらかし、あるいは威圧することによって、わが国を攻撃させるべく仕向けたという非難があったが、委員会はそのような非難を裏づける証拠を発見するにいたらなかった。むしろ、すべての証拠を総合すると、彼らは見識と能力、そして洞察力をもって、かつ、わが外交政策の基本に則って、彼らの責任を遂行したことは明らかである。

5　大統領、国務長官、そして政府高官は、日本との戦争を回避するために、わが国の名誉を犠牲にし安全を危険に陥れない極限のところまで、あらゆる努力を払った。

422

少数意見

2　一九四一年十一月七日までに、ルーズベルト大統領と彼の政府は、戦争の緊張は「われわれが日本を向こうで（極東で）叩けば、国民の支持が得られる」と確信できるところまで高まっているとの見方で一致していた。そこで彼らは「いかなる戦術をとるか」を検討した（議事録七〇巻一四四一五ページ）。日本が合衆国の外交方針に従わない場合の選択肢として、大統領と政府には次の三つの戦術があった。日本が攻撃を仕掛けてくるまで待つ。議会の宣戦布告抜きで日本を攻撃する。和平か戦争かを議会に諮る（議事録七〇巻一四四一五ページ以下）。

3　十一月二十五日、戦争の危険が差し迫ったことから、大統領はハル長官、ノックス長官、スチムソン長官、マーシャル陸軍大将、スターク海軍大将との会議で、「恐らく（早ければ）翌月曜日（十二月一日）には攻撃を受ける可能性がある」ことを議題とした。同会議のメンバーは「われわれがそれほどの危険を冒すことなく、彼ら（日本）に第一撃をかけさせるには、どうすべきか」を協議した（議事録七〇巻一四四一八ページ）。

4　大統領、国務長官、陸軍長官、海軍長官は、議会に和平か戦争かを諮るとする提案には同意せ

423　付録

2　小数意見

＊ルーズベルト大統領は極東において日本側を米国が攻撃すれば国民の支持を得られると確信していた。
＊日本との戦争を生起させるために、日本側が攻撃するのを待つ。米国側から議会の承認なしに攻撃を仕掛け、後に議会の追認を得る、和平か戦争かを議会に諮るの三種が提案された。
＊大統領とその側近は、米国側の被害を最小に抑えながら日本に攻撃をかけさせる方法について協議した。
＊大統領とその側近は十一月二十五日から十二月七日の間に日本側の先制攻撃を待つ選択をした。しかしワシントンの高官は事務的不手際からハワイ現地へは不完全な連絡しか行っていなかった。

ここからは多数派意見を「日本側偽装平和外交論」、少数派意見を「ルーズベルト陰謀論」と称する。

戦後のわが国で、広く流布されてきた開戦経緯とは、いわゆる「ルーズベルト陰謀論」である。すなわち「大日本帝国はルーズベルト米大統領の挑発に乗り、開戦の罠にかけられた」という説であり、上記見解の「少数派」の意見に該当する。この現在広く流布されてきた説が当時は少数意見にすぎなかったという事実に驚愕する。

何故議会における少数派意見が多数派意見を押しのけて定説化されてしまったのであろうか。「無理が通れば道理が引っ込む」というが、多数派意見という道理を引っ込ませる無理とは何だったのであろうか。

安濃はその著書『ハルノートを発出させたのは日本か？』（展転社、令和二年十一月二十七日）で次のように述べている。

＊昭和十六年十一月五日開催の御前会議において、帝国政府は開戦を十二月初頭と設定した。そして開戦準備を整え、戦争名目を獲得するため、爾後の対米外交は平和を希求するが如し「偽装外交」とすることを決定し、華盛頓（ワシントン）の野村吉三郎・来栖三郎の両大使へ戦争名目としてのハルノートの獲得と奇襲作戦（マレー上陸、真珠湾奇襲）を隠蔽するための偽装外交の展開を訓令していた。

＊偽装を確実とするため海軍省は偽装外交交換船「龍田丸」まで出港させていた。

＊来栖三郎は自身の回顧録『泡沫の三十五年』（文化書院　昭和二十三年十一月）において、「多数の米国人は今もって自分が真珠湾攻撃の成功を期しつつ、詐って米国側と交渉を続け居りたるものと信じ居るべし」と書き、ＧＨＱによる度重なる来栖に対する戦犯取り調べに閉口していると記載している。

＊コーデル・ハルは一九四九年出版の自信の回顧録で「ハルノートを宣戦布告書であると

捏ち上げたのは日本側のプロパガンダである」と記している。
＊ＧＨＱと日本外務省は司法取引として歴史事象をすり替えた。日本が米国を騙くらかしたのではなく、米国が日本を騙くらかしたとすり替えた。すり替えられたのは昭和二十二―二十三年、東京裁判の結審前である。

次に上記「すり替え」について考察する。

前述したとおり、ヘレン・ミアーズによれば、終戦当時米国議会には米国が日本を騙くらかして戦争に追い込んだ（ルーズベルト陰謀論）と主張する少数派が存在した。ようするにこの少数派はあくまでも米国の過失を認めたくない、すなわち白人がアジア人に騙されたという事実をねじ曲げても認めたくない一派であった。こういう白人は今でも存在する。

野村と来栖の両大使は当事者として米国議会の多数派の言い分（米国が騙された：日本側偽装平和外交論）が真実であることを一番よく知りながら、「私たちを訴追しないなら、日本が米国を騙したという事実は封印し、日本が米国に騙されたことにしてもよいですよ」と提案したか、あるいは逆に米国側から提案されたのかもしれない。

マッカーサーにすれば、日本占領統治にあたって当然のごとく支配者としての威厳を必要とするわけだが、その支配者である自身が被支配者で有色人種である日本人に四年前に騙され、その結果、全面戦争に追い込まれ、全植民地を失い、ヒトラーも真っ青になるような原爆使用に追い込まれたという、その事実を認めるわけにはいかなかったのである。そのような事実が支配地に蔓延しては支配者であるどころか、ただの道化という誇りを免れないから無理矢理でも差し替えざるを得なかった。

このすり替えには米議会多数派も同調することになった。歴史のすり替えによって米国のメンツを保てるなら、それはそれで良いというわけだ。日本側からの申し入れであるのなら、こちら側から断る理由など何もない。歴史の浅い、浅いというよりも無きに等しい米国に、歴史の改竄《かいざん》と捏造を躊躇する理由はなにもなかったのである。

東郷茂徳判決文に見る「日本側偽装平和外交」の実存の証明

次に述べる歴史事象ほど米国の「すり替え欺瞞性」を証明する事象はないであろう。外務省関係者で戦犯訴追されたのは東郷茂徳、松岡洋右、重光葵、広田弘毅である。松岡は公判中の昭和二十一年（一九四六）六月二十七日に病死し、重光は禁錮七年、広田は絞首刑の判決を受けた。東郷は禁錮二十年の判決を受け、収監中の昭和二十五年（一九五〇）七月二十三日に病死している。

東郷は最後まで東京裁判の不当を訴えつづけており、

「私には罪がある。戦争を防げなかった罪だ。しかし東京裁判がデッチ上げた罪は何も犯してはいない。戦争が罪というならイギリスのインド併合、アメリカのハワイ併合の罪も裁け」

と主張し、東京裁判を、

「敗戦国を戦勝国が裁く復讐・見せしめである」

と強く批判した。東郷にすれば、偽装平和外交はあくまでも偽装ではなく真摯な平和希求行動であったと主張し刑を免れたかったのであろうと推測されるが、白人連合国はそんな東郷を容赦しなかった。

極東軍事裁判所（東京裁判）は反省の色を見せない東郷を、

「欧亜局長時代から戦争への共同謀議に参画して、外交交渉の面で戦争開始を助けて欺瞞工作を行い、開戦後も職に留まって戦争遂行に尽力した」

と認定して有罪とし、禁錮二十年の判決を下した（ウィキペディアより）。

東郷の罪状は日本の開戦意図を隠蔽するための欺瞞工作すなわち偽装平和外交である。東京裁判では米議会で多数派（「日本側偽装外交論」）の主張が取り入れられ、ルーズベルト陰謀論という欺瞞はお払い箱にされている。ルーズベルト陰謀論が入り込む余地など微塵もない。もしも逆に「日本側偽装外交論」が虚構であったなら、東郷を罰することは不可能となる。なぜなら、虚構に基づいて裁くことはできないし、米議会は「日本側偽装外交論」は虚構ではなく真実であるとする勢力が多数を占めていたからだ。

外務省、野村・来栖両元大使は司法取引をして少数派意見（ルーズベルト陰謀論）を表に据えたから訴追を免除したが、司法取引を拒否する東郷を有罪とするためなら、お払い箱にしたいはずの「日本側偽装平和外交論」を真実だと認め、断罪しているのである。もとより偽装外交が戦犯だというなら、訴追されるべきはアングロサクソンである。

松岡洋右はその死の床において外交官人生の後悔を語ったという。

「自分は外交官だから、嘘をつくのも仕事だった。しかしその嘘にも後悔している。どうせ嘘をつくならアングロサクソンのようにデッカい嘘をつくべきだった」

偽装外交が罪になるなら人類史上最大の罪人はアングロサクソンである。

いやはや、アングロサクソンの舌の枚数には驚かされるのみである。いったいアングロさんたちは何枚の舌を持っているのであろうか。各舌がそれぞれ別のことを言うから、聞いている方は疲れる。

結論

さて本論文の結論に移ろう。

安濃がその著書『ハルノートを発出させたのは日本か？』で状況証拠から結論づけた上記

の記述は、ヘレン・ミアーズ著『アメリカの鏡・日本』と東郷茂徳への東京裁判判決により

その正当性が裏付けられた。ヘレン・ミアーズ女史のみならず東京裁判までが、裏付けてくれているから間違いない。

米国はサンフランシスコ講和条約の締結に当たって東京裁判における判決を遵守するよう日本側に要求し、遵守条項まで付け加えた（第十一項）。遵守しろと言うから東郷茂徳の判決まで遵守してあげるが、そうするならば、この世に米国議会少数派がデッチ上げた「ルーズベルト陰謀論」などもとより存在しなかったこと、「日本側偽装平和外交論」のみが開戦に至る歴史的真実であったことが明らかとなる。

日本側偽装平和外交により米国は翻弄され、戦争に追い込まれた。戦争に追い込まれたのは大日本帝国ではなくアメリカ合衆国のほうである。

巧妙なる大日本帝国の戦略に引っかかり連合国が被った被害は以下の通り。

＊米国領フィリピン植民地の喪失と独立
＊大英帝国の崩壊と英領植民地の独立
＊仏領インドシナの喪失と独立
＊オランダ植民地インドネシアの喪失と独立
＊シナ大陸の共産化
＊白人帝国主義、植民地主義、奴隷制度、人種差別の瓦解

＊米国黒人大統領の誕生
＊原爆投下による国家威信の喪失
＊大東亜会議大東亜宣言による戦後世界体制の完成
斯くして全有色人種は植民地奴隷の頸木から解放された。その結果を見るかぎり、連合国は戦勝国どころか紛れなく敗戦国である。なぜなら何一つ戦争目的を達成していないからだ。

あとがき

今回も戦後左翼と米国によって捏造改竄された事象について真実を解明した。戦後七十七年を経て、これらのプロパガンダ歴史観の多くの矛盾点がさらけ出されてきた。もともと深い思慮があって捏造したものではなく、場当たり的・鳥頭的捏造であるから、科学的手法を使えば見破るのは容易である。著者らは次の捏造について解明することを読者諸兄にお薦めしたい。それは「終戦時日本軍はまともな武器を持たず、竹槍で米軍に対抗するつもりだった」である。

この話は戦後になって広く流布され、昭和陛下が終戦を決めた理由の一つであると固定化されている。さて、ここに矛盾の存在を示唆する論理の綻びを見いだすことができる。

1　終戦後に発生したソ連軍による千島侵攻において占守島の日本軍は上陸してきたソ連

軍を水際まで押し返し、三千名もの戦死という大損害を敵軍に与えている。これは竹槍のみによって実現できたとでも言うのであろうか、日本軍による善戦は樺太でも同様である。現地日本軍は竹槍のみで善戦したのであろうか。

2

米軍戦略爆撃調査団の調査報告書によれば、終戦時日本本土には一万五千六百機の特攻機が温存され、各機が五回出撃できる分の燃料が備蓄されていたとされている。さてここでまた矛盾の糸口が綻びとなって垣間見えてくる。竹槍のみで戦おうとしていた日本軍は一万五千六百機もの特攻機とその燃料を竹槍で破壊工作や銃爆撃から守ろうとしていたのであろうか。

これらの疑問点において読者諸兄による研究と報告を期待しようと思う。

謝辞

本書の出版に当たっては、著者の古き友人である田畑雅章、花輪和一（カバーイラスト担当）の両氏から多大なる協力をいただいた。ここに謝意を表するものである。

また、展転社の荒岩社長には本書の構成において多くの助言をいただいた。やはりここに謝意を表したい。

安濃豊（あんのう　ゆたか）

昭和26年12月8日札幌生れ。北海道大学農学部農業工学科卒業。

農学博士（昭和61年、北大農学部より学位授与、博士論文はSNOWDRIFT MODELING AND ITS APPLICATION TO AGRICULTURE「農業施設の防雪風洞模型実験」）。

総理府（現内閣府）技官として北海道開発庁（現国土交通省）に任官。

昭和60年、米国陸軍寒地理工学研究所研究員、ニューハンプシャー州立大学土木工学科研究員。平成元年、アイオワ州立大学（Ames）航空宇宙工学科客員研究員（研究テーマは「火星表面における砂嵐の研究」）、米国土木工学会吹雪研究委員会委員。マサチューセッツ工科大学ライト兄弟記念風洞研究所招待講演者、ラヂオノスタルジア代表取締役、評論家、雪氷学者、ラジオパーソナリティー。

安濃が世界で初めて発明した吹雪吹溜風洞は国内では東京ドーム、札幌ドームの屋根雪対策、南極昭和基地の防雪設計、道路ダム空港など土木構造物の防雪設計に、米国では空港基地、南極基地の防雪設計、軍用車両・航空機の着雪着氷防止、吹雪地帯での誘導兵器研究に使用されている。

主な著書に『大東亜戦争の開戦目的は植民地解放だった』『絶滅危惧種だった大韓帝国』『日本人を赤く染めた共産党と日教組の歴史観を糾す』『哀愁のニューイングランド』『アジアを解放した大東亜戦争』『ハルノートを発出させたのは日本か』『真理子と敬の青春アジア解放１』（いずれも展転社）がある。

斯くしてアジアは解放された
これが大東亜戦争の真実だ

令和五年二月二十一日　第一刷発行

著　者　安濃　豊
発行人　荒岩　宏奨
発　行　展　転　社

〒101-0051　東京都千代田区神田神保町2-46-402
ＴＥＬ　〇三（五三一四）九四七〇
ＦＡＸ　〇三（五三一四）九四八〇
振替〇〇一四〇─六─七九九九二

印刷　中央精版印刷

定価［本体＋税］はカバーに表示してあります。

ISBN978-4-88656-553-2